사랑해요 한국어
I Love Korean

서울대학교 언어교육원

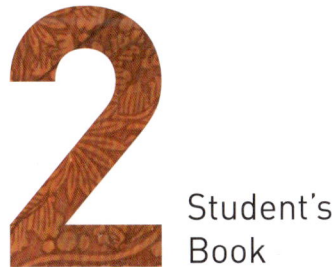

Student's Book

서울대학교출판문화원

　　〈사랑해요 한국어 2〉는 성인 한국어 학습자를 위한 단기 과정용(약 60시간) 교재 시리즈 중 제2권이다. 〈사랑해요 한국어〉 시리즈는 한국어에 대한 지식이 전혀 없는 성인 학습자들이 한글과 한국어 발음을 익히고 매우 친숙한 일상적 주제와 기능에 대한 언어 구성 능력과 사용 능력을 익혀 기초적인 한국어 의사소통 능력을 기르도록 하는 데 목적이 있다.

　　이 책은 다음과 같은 특징이 있다.

　　첫째, 국제 통용 한국어 표준 교육과정을 기반으로 하여 교수요목을 설정하였으며 최근의 사회 문화적 변화를 반영하였다.

　　둘째, 주제 및 기능 중심적 교수요목을 바탕으로 일상생활에서 사용하는 실제적인 문제 해결 상황 과제를 담아 수업 내용이 실생활로 전이될 수 있도록 하였다.

　　셋째, 한 단원을 두 과로 구성하여 한 가지 주제에 대해서 다양한 기능을 충분히 심화 연습할 수 있도록 설계하였다. 한 과는 3시간에서 4시간용으로 구성하였다.

　　넷째, 각 과에 도입 단계로서 주제 어휘를 상황 그림과 함께 제시하여 체계적이고 효과적인 어휘 학습이 이루어질 수 있도록 하였다. 이를 통해 학습자는 배울 내용을 유추하고 학습을 준비할 수 있다.

　　다섯째, 문법 학습이 언어 지식을 쌓는 것에 그치지 않고 해당 문법의 기능을 익히고 활용하게 할 수 있도록 하기 위해 유의미한 연습을 충분히 제공하였다.

　　여섯째, 말하기, 듣기, 읽기, 쓰기의 네 가지 언어 기능을 고루 향상시킬 수 있도록 기능별 연습을 제시하였고, 초급에서부터 구어와 문어의 학습이 긴밀하게 연계될 수 있도록 기능 통합형 연습도 구성하였다.

　　일곱째, 교재에 제시되는 모든 지시문과 새 단어, 본문 등을 영어로 번역하여 제시함으로써 해당 언어권 학습자가 쉽게 이해할 수 있도록 하였다. 또한 문법에 대한 자세한 설명을 한국어와 영어로 병기함으로써 학습자뿐만 아니라 한국어를 가르치는 교사들에게도 도움이 될 수 있도록 하였다.

　　이 책이 완성되기까지 많은 분들의 노력과 수고가 있었다. 먼저 오랜 기간에 걸쳐 집필 및 출판 과정에 참여한 교재개발위원회 선생님들의 노고와 헌신에 감사드린다. 아울러 책이 출판되기까지 꼼꼼하게 출판 작업을 도와주신 서울대학교출판문화원 관계자 여러분께도 고마운 마음을 전한다.

2019. 4.
서울대학교 언어교육원

<I Love Korean 2> is the second of a series of short-term (about 60 hours) textbooks for Korean adult learners. The primary goal of this series of books is to develop basic Korean communication skills for adult learners who have no knowledge of Korean language. Learners will reach this goal by learning the Korean alphabet and pronunciation and acquiring abilities to compose and use language that applies to everyday topics and functions.

This book has the following characteristics.

First, the curriculum is based on the model of the International Standard Curriculum of Korean Language and reflects recent social and cultural changes.

Second, based on topic and function-oriented teaching objectives, the classes were designed to mirror real life with practical problem-solving tasks used in everyday life.

Third, each unit is comprised of two lessons so that various functions can be practiced thoroughly enough on one topic. Each lesson is designed for a 3 to 4 hour class.

Fourth, as the introduction phase for each lesson, the topic vocabulary is presented with a picture of the situation so that systematic and effective vocabulary learning can be achieved. This allows learners to infer what they are going to learn and to prepare for it.

Fifth, sufficient meaningful practice is provided to enable grammar learning not only to accumulate language knowledge, but also to learn and utilize the function of the grammar.

Sixth, functional exercises are provided to improve the four language skills: speaking, listening, reading and writing. Skill-integrated exercises are also organized to closely link spoken and written language learning from the beginning.

Seventh, all instructions, new vocabulary, and texts presented in the textbook were translated into English so English-fluent learners can understand them easily. In addition, a detailed explanation of the grammar is provided in both Korean and English so that it can be helpful for teachers who teach Korean as well as learners.

There was a lot of hard work and effort that went into completing this series. First of all, we would like to thank all of the teachers who have participated in the writing and publishing process for all of their hard work. In addition, we would like to express our sincere gratitude to the staff of the Seoul National University Publishing Council who went to great lengths to help publish this series of textbooks.

2019. 4.
Language Education Institute, Seoul National University

일러두기 | How to Use This Book

〈사랑해요 한국어 2〉는 〈사랑해요 한국어 1〉을 학습했거나 60~100시간 정도의 한국어 수업을 마친 학습자를 위한 교재이다. 〈사랑해요 한국어 2〉는 총 9단원(18개 과)으로 구성되어 있으며, 각 단원이 하나의 주제를 중심으로 두 개의 하위 과로 나뉘어 있다. 한 과는 3~4시간 수업용이며 주제 어휘와 핵심 표현, 그리고 이를 활용한 말하기, 듣기, 과제로 구성되어 있다. 한 단원의 마지막에 읽고 쓰기 활동이 제시된다.

〈I Love Korean 2〉 is a textbook for learners who have studied 〈I Love Korean 1〉 or completed 60~100 hours of Korean language classes. 〈I Love Korean 2〉 consists of 9 units (18 lessons), and each unit is divided into two sub-units centering on one theme. Each lesson is a 3~4 hour class. The lessons are comprised of topic related vocabulary and core expressions, speaking and listening activities, and tasks. At the end of each lesson, reading and writing activities are presented.

한 단원과 과별 구성은 아래와 같다.
A unit and its composition are as follows.

단원 Unit	
1과 Lesson 1	2과 Lesson 2
어휘 Vocabulary 핵심 표현 1, 2 Key Expression 1, 2 말하기 Speaking 듣기 Listening 과제 Tasks and Activities	어휘 Vocabulary 핵심 표현 1, 2 Key Expression 1, 2 말하기 Speaking 듣기 Listening 과제 Tasks and Activities
읽고 쓰기 Reading and Writing	
어휘 확인 Vocabulary Check	

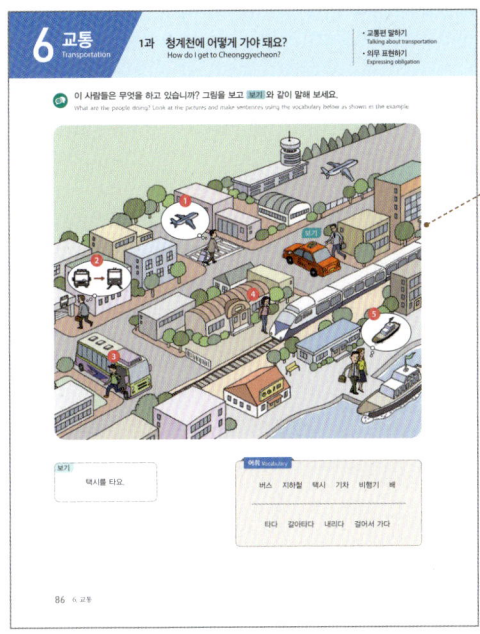

어휘 Vocabulary

- 그림을 통해 어휘의 의미를 익힐 수 있도록 주제와 관련된 상황을 삽화로 제시한다.
  Illustrations depict situations related to the topic so in order to learn the meaning of the vocabulary.

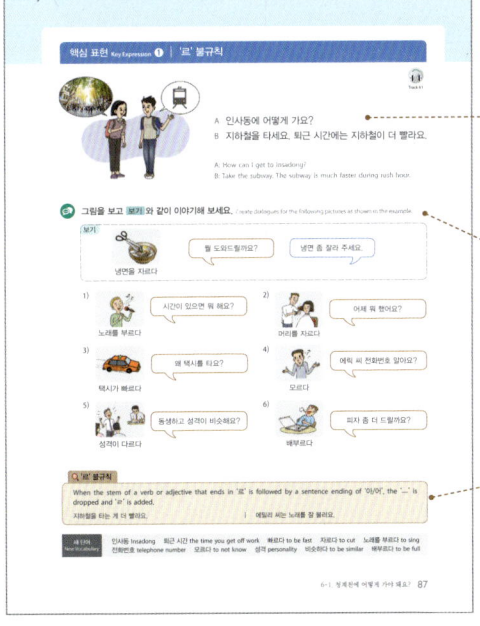

핵심 표현 Key Expression

- 목표 문법과 표현이 사용되는 전형적인 대화를 삽화와 함께 제시한다.
  Presents a typical dialogue in which target grammar and expressions are used with illustrations.

- 핵심 표현을 사용하여 발화할 수 있는 유의미한 연습 기회를 제공한다.
  Provides meaningful practice opportunities using key expressions.

- 핵심 표현의 문법적 정보를 간략하게 설명하고 의미 이해를 돕고 형태 변화를 알 수 있도록 예문을 제시한다.
  Briefly explains the grammatical information of key expressions. Examples are also provided to help understand meaning and to understand form changes.

말하기 Speaking

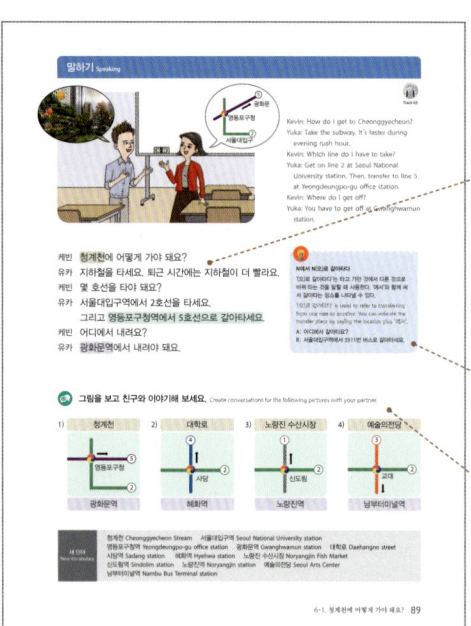

- 주제 어휘와 핵심 표현을 포함한 대화문을 통해 실제적인 맥락 속에서 의사소통 기능을 학습하도록 한다. 대화 상황을 보여주는 삽화가 함께 제시된다.
Teaches communication skills in a practical context through dialogues, including topic related vocabulary and key expressions. An illustration showing the situation of the conversation is presented together.

- 학습 내용과 관련된 유용한 지식을 추가적으로 제공한다.
Provides additional useful knowledge about the learning content.

- 어휘와 표현을 교체하여 대화문을 익히고 연습해 보도록 한다.
Replaces vocabulary and expressions to learn and practice dialogues.

듣기 Listening

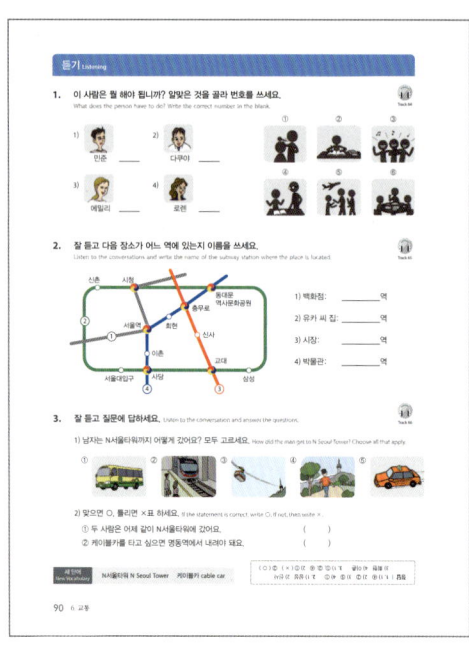

- 해당 과의 주제와 관련된 실제적인 듣기 연습으로, 들은 내용에 대한 이해 확인 문제와 함께 제시된다.
Practical listening exercises related to the topic of the lesson are presented along with comprehension questions about the contents.

과제 Tasks and Activities

- 3단계의 문제 해결형 과제로 구성된다. 학습자 간에 활발한 상호 작용을 할 수 있는 다양한 유형의 활동을 제시하여 언어 사용의 유창성을 높이도록 한다.
  Consists of three-step problem-solving tasks. Presents various types of activities that are used to promote active interaction between learners to enhance fluency in language use.

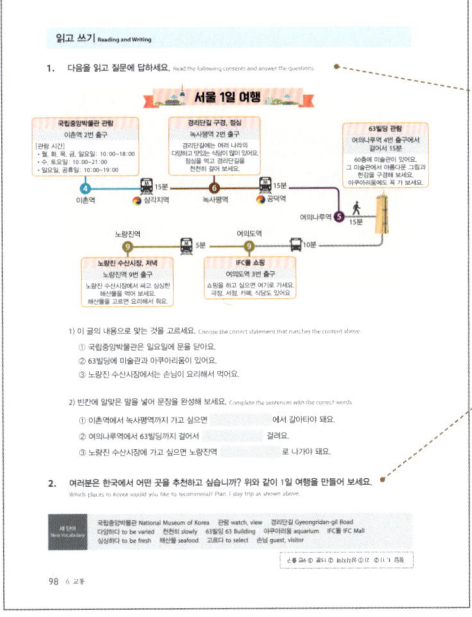

읽고 쓰기 Reading and Writing

- 학습자의 수준에 맞는 실제적이고 다양한 유형의 글을 읽은 내용에 대한 확인 문제와 함께 제시한다.
  Presents practical and diverse types of writings that are appropriate for the level of the learners, along with comprehension questions about what was read.

- 읽기 후 활동으로 읽은 텍스트와 유사한 종류의 글을 써 보도록 한다.
  Provides writing activities that are similar to the text that was read.

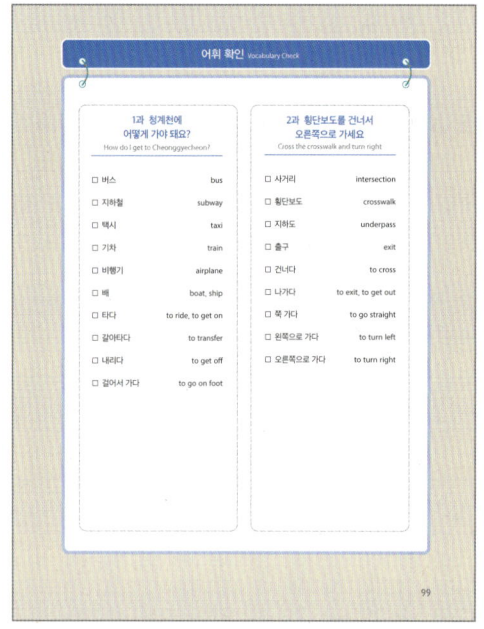

어휘 확인 Vocabulary Check

- 주제 어휘를 번역과 함께 제시한다.
  Presents topic related vocabulary with translation.

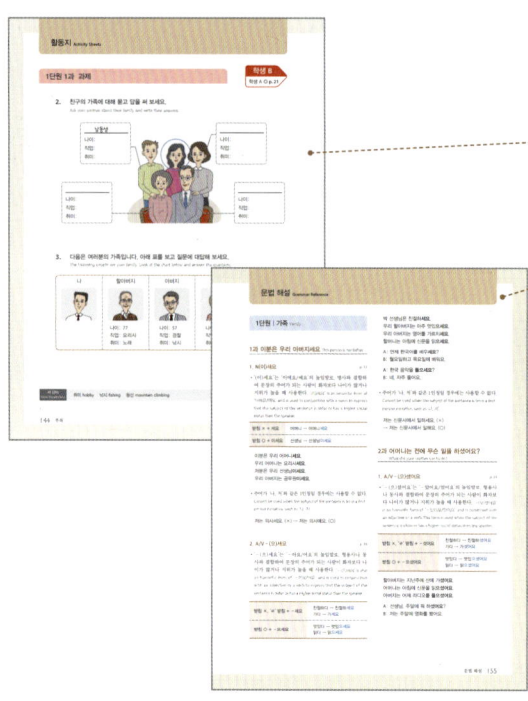

부록 Appendix

- 연습이나 과제 활동에 필요한 활동지를 제공한다.
  Provides activity sheets or cards necessary for practice or task-based activities.

- 각 과의 핵심 표현에서 배운 문법에 대한 자세한 해설을 제공한다.
  Provides a detailed description of the grammar learned in the key expressions in each lesson.

- 각 과의 듣기 지문을 제공한다.
  Provides transcripts for listening exercises.

- 교재에 나오는 모든 어휘를 출현한 페이지와 함께 제시한다.
  Presents all of the vocabulary in the textbook along with corresponding pages where they appeared.

차례 Contents

머리말 Preface	2
일러두기 How to Use This Book	4
교재 구성표 Scope and Sequence	10
등장인물 Characters	14

1단원 가족 Family
- 1과 이분은 우리 아버지세요 This person is my father … 16
- 2과 어머니는 전에 무슨 일을 하셨어요? What did your mother use to do? … 22

2단원 쇼핑 Shopping
- 1과 한번 입어 보세요 Try it on … 30
- 2과 더 긴 치마는 없어요? Isn't there a longer skirt? … 36

3단원 여행 Travel
- 1과 날씨가 좋으면 한라산에 갈 거예요 If the weather is nice, I'm going to go to Hallasan … 44
- 2과 막국수는 강원도에서 많이 먹는 음식이에요 Makguksu is a food that's eaten a lot in Gangwondo … 50

4단원 취미 Hobbies
- 1과 테니스를 배우고 싶어요 I want to learn tennis … 58
- 2과 저는 등산하는 걸 좋아해요 I like to go hiking … 64

5단원 은행과 우체국 Bank and Post Office
- 1과 통장을 만들고 싶은데요 I want to open an account … 72
- 2과 소포를 부치러 왔어요 I came to mail a package … 78

6단원 교통 Transportation
- 1과 청계천에 어떻게 가야 돼요? How do I get to Cheonggyecheon? … 86
- 2과 횡단보도를 건너서 오른쪽으로 가세요 Cross the crosswalk and turn right … 92

7단원 병원 Hospital
- 1과 내일 모임에 올 수 있어요? Can you come to our gathering tomorrow? … 100
- 2과 목이 아파서 왔어요 I came because I have a sore throat … 106

8단원 한국 생활 Korean Life
- 1과 저는 힘들 때 음악을 듣거나 친구하고 이야기해요 When I'm having a hard time, I listen to music or talk to a friend … 114
- 2과 시험을 볼 때 연필로 써도 돼요? May I use a pencil on the test? … 120

9단원 전화 Telephone
- 1과 여보세요, 거기 서울대학교지요? Hello, is this Seoul National University? … 128
- 2과 차 마시면서 책 읽고 있어요 I'm reading a book while drinking tea … 134

부록 Appendix … 143

교재 구성표 | Scope and Sequence

단원 Unit		어휘 Vocabulary	핵심 표현 Key Expression	말하기 Speaking
1 가족 Family	1과 이분은 우리 아버지세요 This person is my father	가족 Family	• N(이)세요 • A/V-(으)세요	가족 소개하기 1 Introducing family members 1
	2과 어머니는 전에 무슨 일을 하셨어요? What did your mother use to do?	높임말 Honorific Speech	• A/V-(으)셨어요 • A/V-고	가족 소개하기 2 Introducing family members 2
2 쇼핑 Shopping	1과 한번 입어 보세요 Try it on	옷차림 Attire	• '—' 탈락 • V-아/어 보세요	쇼핑하기 1 Shopping 1
	2과 더 긴 치마는 없어요? Isn't there a longer skirt?	형용사, 색깔 Adjectives, Color	• A-(으)ㄴ N • 'ㄹ' 탈락	쇼핑하기 2 Shopping 2
3 여행 Travel	1과 날씨가 좋으면 한라산에 갈 거예요 If the weather is nice, I'm going to go to Hallasan	여행 준비 Travel Preparations	• V-(으)ㄹ 거예요 • A/V-(으)면	여행 계획 이야기하기 Talking about travel plans
	2과 막국수는 강원도에서 많이 먹는 음식이에요 Makguksu is a food that's eaten a lot in Gangwondo	여행지 평가 Travel Ratings	• V-는 N • A/V-지 않다	여행 경험 이야기하기 Talking about travel experiences
4 취미 Hobbies	1과 테니스를 배우고 싶어요 I want to learn tennis	취미 Hobbies	• 못 V • V-고 싶다	주말 활동 이야기하기 Talking about weekend activities
	2과 저는 등산하는 걸 좋아해요 I like to go hiking	빈도 Frequency	• V-는 것 • A/V-지만	취미 이야기하기 Talking about hobbies
5 은행과 우체국 Bank and Post Office	1과 통장을 만들고 싶은데요 I want to open an account	은행 Bank	• A-(으)ㄴ데요, V-는데요, N인데요 • V-아/어 주세요	은행에서 통장 만들기 Opening an account at a bank
	2과 소포를 부치러 왔어요 I came to mail a package	우체국 Post Office	• V-(으)러 가다/오다 • N(으)로	우체국에서 소포 부치기 Mailing a package at a post office

듣기 Listening	과제 Tasks and Activities	읽고 쓰기 Reading and Writing
가족에 대한 대화 듣기 Listening to a conversation about family	가족에 대해 묻고 답하기 Asking and answering about family	가족 소개하는 글 읽기 Reading a family introduction
가족 소개 듣기 Listening to family introductions		가족 소개하는 글 쓰기 Writing a family introduction
어제 한 일에 대한 대화 듣기 Listening to a conversation about what someone did yesterday	가족 소개하기 Introducing family members	
가족 소개 듣기 Listening to family introductions		
권유하는 대화 듣기 Listening to a conversation about suggesting	서울에서 해 봐야 하는 것 추천하기 Suggesting things that you must try in Seoul	쇼핑 경험에 대한 글 읽기 Reading a passage about a shopping experience
쇼핑 경험에 대한 대화 듣기 Listening to a conversation about a shopping experience		
쇼핑 상황 대화 듣기 Listening to a conversation about a shopping situation	주변 사물과 사람에 대해 이야기하기 Talking about surrounding objects and people	쇼핑 경험에 대한 글 쓰기 Writing about a shopping experience
옷차림 묘사하는 대화 듣기 Listening to conversations describing attire		
여행 준비에 대한 대화 듣기 Listening to a conversation about travel preparations	주말여행 계획하기 Planning a weekend trip	여행지 소개하는 광고문 읽기 Reading travel destination advertisements
휴가 계획에 대한 대화 듣기 Listening to a conversation about vacation plans		
친구에 대해 묘사하는 대화 듣기 Listening to a conversation about describing friends	기억에 남는 여행 경험 이야기하기 Talking about a memorable trip	여행지 소개하는 광고문 쓰기 Writing a travel destination advertisement
여행 경험에 대한 이야기 듣기 Listening to a story about a travel experience		
잘하는 것과 못 하는 것에 대한 대화 듣기 Listening to conversations about what people do and don't do well	동아리 만들고 소개하기 Forming an activity club and introducing it	취미 소개하는 글 읽기 Reading a passage that talks about hobbies
하고 싶은 것에 대한 대화 듣기 Listening to conversations about what people want to do		
좋아하는 것에 대한 대화 듣기 Listening to conversations about things that people like doing	취미에 대해 이야기하기 Talking about hobbies	취미 소개하는 글 쓰기 Writing about your hobbies
취미에 대한 대화 듣기 Listening to a conversation about hobbies		
요청하는 대화 듣기 Listening to conversations about requests	복습 말하기 게임하기 Playing a review speaking game	
은행에서 체크 카드 만드는 대화 듣기 Listening to a conversation about getting a debit card at a bank		여행지에서 쓴 엽서 읽기 Reading a post card from a travel destination
이동 목적을 말하는 대화 듣기 Listening to conversations about purpose of movement	자주 가는 장소에 대해 설명하고 맞히기 Explaining a place that you often go to and guessing where it is	
우체국에서 소포 부치는 대화 듣기 Listening to a conversation about mailing a package at a post office		엽서 쓰기 Writing a post card

단원 Unit		어휘 Vocabulary	핵심 표현 Key Expression	말하기 Speaking
6 교통 Transportation	**1과** 청계천에 어떻게 가야 돼요? How do I get to Cheonggyecheon?	교통 Transportation	• '르' 불규칙 • V-아야/어야 되다	지하철로 가는 방법 말하기 Talking about how to go by subway
	2과 횡단보도를 건너서 오른쪽으로 가세요 Cross the crosswalk and turn right	길 안내 Directions	• V-아서/어서 • N에서 N까지	길 설명하기 Explaining directions
7 병원 Hospital	**1과** 내일 모임에 올 수 있어요? Can you come to our gathering tomorrow?	신체 Body	• V-(으)ㄹ 수 있다/없다 • V-지 마세요	가능 여부 묻고 답하기 Asking and answering about availability
	2과 목이 아파서 왔어요 I came because I have a sore throat	증상 Symptoms	• A/V-아서/어서 • N(이)라서	증상과 금지 표현하기 Expressing symptoms and prohibition
8 한국 생활 Korean Life	**1과** 저는 힘들 때 음악을 듣거나 친구하고 이야기해요 When I'm having a hard time, I listen to music or talk to a friend	감정 Feelings	• A/V-(으)ㄹ 때 • V-거나 V, N(이)나 N	한국 생활에 대해 이야기하기 Talking about Korean life
	2과 시험을 볼 때 연필로 써도 돼요? May I use a pencil on the test?	학교생활 Student Life	• V-아도/어도 되다 • V-(으)면 안 되다	허락과 금지 표현하기 Expressing permission and prohibition
9 전화 Telephone	**1과** 여보세요, 거기 서울대학교지요? Hello, is this Seoul National University?	전화 Telephone	• N(이)지요?, A/V-지요? • N한테/에게/께	전화하기 Calling
	2과 차 마시면서 책 읽고 있어요 I'm reading a book while drinking tea	음식 주문 Food Orders	• V-(으)면서 • V-고 있다	전화로 음식 주문하고 친구 초대하기 Ordering food by phone and inviting friends over

듣기 Listening	과제 Tasks and Activities	읽고 쓰기 Reading and Writing
지하철로 가는 방법에 대한 대화 듣기 Listening to conversations about how to go by subway 다녀온 곳에 대해 말하는 대화 듣기 Listening to a conversation about a place where someone has been before	서울 명소에 가는 방법 소개하기 Introducing the ways to get to attractions in Seoul	관광지를 소개하는 안내문 읽기 Reading information about tourist attractions 관광지 추천하는 안내문 쓰기 Writing information about suggested tourist attractions
길 설명하는 대화 듣기 Listening to conversations about explaining directions 약속 정하는 대화 듣기 Listening to a conversation about making plans	길 묻고 답하기 Asking and answering about directions	
면접 대화 듣기 Listening to a job interview 증상과 그에 대해 조언하는 대화 듣기 Listening to a conversation about symptoms and advice	각 나라의 분야별 허용 연령에 대해 이야기하기 Talking about the age limits for each country	문자 메시지 읽기 Reading a text message conversation 문자 메시지 쓰기 Writing a text message conversation
제안하고 거절하는 대화 듣기 Listening to conversations about suggesting and refusing 병원 대화 듣기 Listening to a conversation in a doctor's office	그림 카드로 이야기 만들기 Making up a story with picture cards	
기분 전환하는 방법에 대한 대화 듣기 Listening to conversations about how to change your mood 한국 생활에 대한 대화 듣기 Listening to a conversation about Korean life	한국 생활에 대한 연상 게임하기 Playing a game of word association with Korean life	유학생 인터뷰 기사 읽기 Reading an article about an interview of an international student
허락을 구하고 금지하는 대화 듣기 Listening to conversations about seeking permission and prohibition 기숙사 규칙에 대한 설명 듣기 Listening to an explanation of dormitory rules	각 나라에서 해도 되는 것과 하면 안 되는 것에 대해 이야기하기 Talking about things that are allowed and disallowed in your home country	친구를 인터뷰하고 기사 쓰기 Writing about an interview that you conducted with a classmate
분실물에 대한 전화 대화 듣기 Listening to a phone conversation about a lost item 전화와 문자에 대한 대화 듣기 Listening to a conversation about calling and sending text messages	기억력 게임하기 Playing a memory game	근황을 소개하는 SNS 글 읽기 Reading SNS to see how someone is doing 근황을 소개하는 SNS 글 쓰기 Writing via SNS to tell how you are doing
전화로 음식 주문하는 대화 듣기 Listening to conversations about ordering food by phone 식당 예약하는 전화 대화 듣기 Listening to a conversation about reserving a table by phone	전화로 음식 주문하기 Ordering food by phone	

1 가족 / Family

1과 이분은 우리 아버지세요
This person is my father

- 존댓말로 말하기 1
  Using honorific expressions 1
- 가족 소개하기 1
  Introducing family members 1

 다음은 김민준 씨의 가족사진입니다. 그림을 보고 보기 와 같이 빈칸에 누구인지 쓰세요.
The following is a photo of Minjun's family. Who are they? Fill in the blanks as shown in the example.

보기: 누나

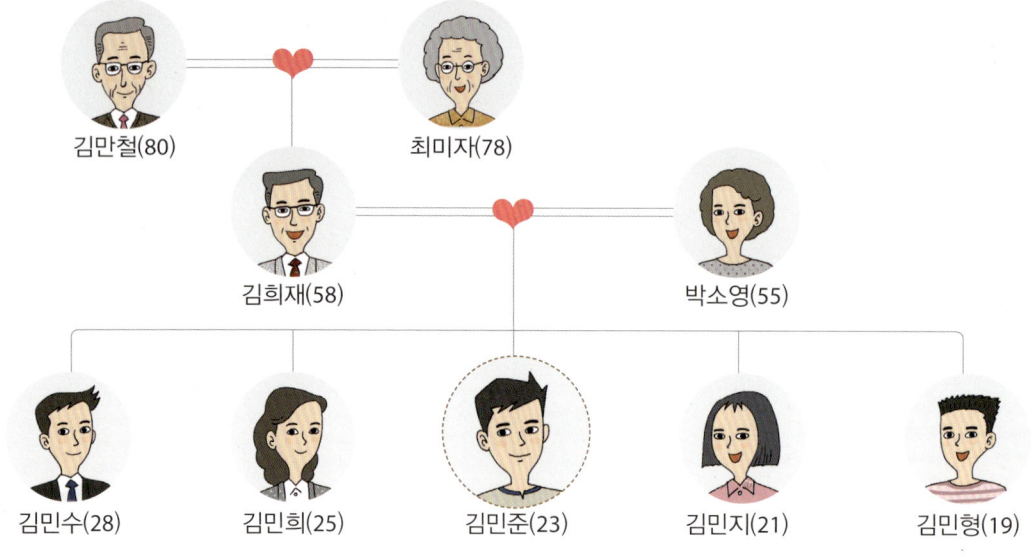

김만철(80) — 최미자(78)
김희재(58) — 박소영(55)
김민수(28) 김민희(25) 김민준(23) 김민지(21) 김민형(19)

어휘 Vocabulary

할아버지　할머니　아버지　어머니　　　　남편　아내　아들　딸
형　누나　오빠　언니　남동생　여동생

16　1. 가족

핵심 표현 Key Expression ❶ | N(이)세요

Track 01

A 이분은 누구세요?
B 우리 어머니세요.

A: Who is this person?
B: She's my mother.

 그림을 보고 보기 와 같이 이야기해 보세요.
Create dialogues for the following pictures as shown in the example.

보기

이분은 누구세요?

우리 할아버지세요.
예순일곱이세요.
요리사세요.

할아버지
나이: 67
직업: 요리사

1)  어머니
   나이: 41
   직업: 회사원

2)  할머니
   나이: 65
   직업: 선생님

3)  아버지
   나이: 50
   직업: 기자

4) 삼촌
   나이: 39
   직업: 은행원

 한국에서는 자신의 가족, 집, 나라, 회사, 학교 등에 대해 이야기할 때 '우리'를 많이 사용한다.
In Korea, when talking about one's own family, house, country, workplace, school, etc., '우리' is used often.

• 이분은 우리 아버지세요.
• 여기는 우리 학교예요.

나이를 이야기할 때는 '한, 두, 세 … + 살'로 이야기한다. '20살'은 '스무 살'이라고 한다.
When talking about age, use '한, 두, 세 … + 살'. '20살' is written and spoken as '스무 살'.

A: 몇 살이에요?
B: 스물세 살이에요.

10	열	60	예순
20	스물	70	일흔
30	서른	80	여든
40	마흔	90	아흔
50	쉰	100	백

+ 살

나이를 말할 때 '살'을 생략하여 말하는 경우도 있다.
Often times, '살' is omitted when speaking.

• 저는 스물둘이에요.
• 우리 할아버지는 일흔셋이세요.

🔍 N(이)세요

'(이)세요' is an honorific form of '이에요/예요' and is used in conjunction with a noun to express that the subject of the sentence is older or has a higher social status than the speaker.

이분은 우리 어머니세요. | 저분은 우리 선생님이세요.

새 단어 New Vocabulary   나이 age   삼촌 uncle   은행원 bank clerk

핵심 표현 Key Expression ❷ | A/V – (으)세요

A 어머니는 무슨 일을 하세요?
B 은행에서 일하세요.

A: What does your mother do?
B: She works at a bank.

💬 그림을 보고 보기 와 같이 이야기해 보세요. Create dialogues for the following pictures as shown in the example.

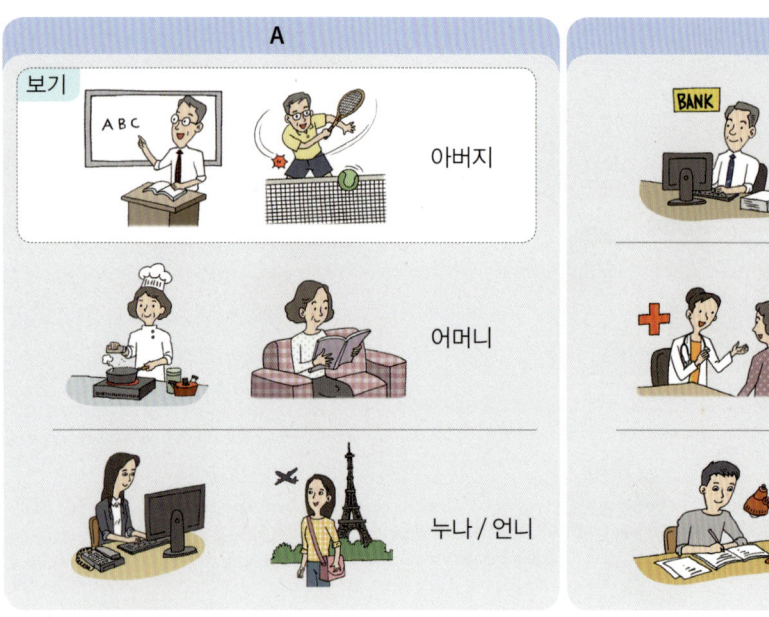

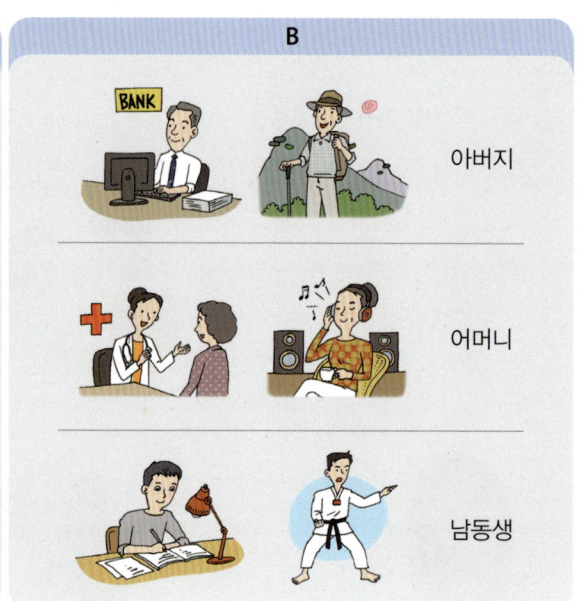

이분은 누구세요?
아버지는 무슨 일을 하세요?
아버지는 주말에 보통 뭐 하세요?

우리 아버지세요.
선생님이세요. /
학교에서 영어를 가르치세요.
테니스를 치세요.

🔍 **A/V – (으)세요**

'–(으)세요' is also an honorific form of '–아요/어요' and is used in conjunction with an adjective or a verb to express that the subject of the sentence is older or has a higher social status than the speaker.

박 선생님은 친절하세요.
우리 아버지는 영어를 가르치세요.

우리 할아버지는 아주 멋있으세요.
할머니는 아침에 신문을 읽으세요.

말하기 Speaking

Track 03

Eunsu: Who's this person?
Takuya: He's my father.
Eunsu: Oh, is that so? Takuya, how many members are in your family?
Takuya: There are my parents and younger sister.
Eunsu: What does your father do?
Takuya: He teaches English at a middle school.
Eunsu: Is your younger sister a student?
Takuya: Yes, she's in college.

은수　　이분은 누구세요?
다쿠야　우리 아버지세요.
은수　　아, 그래요? 다쿠야 씨는 가족이 어떻게 되세요?
다쿠야　부모님하고 여동생이 한 명 있어요.
은수　　아버지는 무슨 일을 하세요?
다쿠야　중학교에서 영어를 가르치세요.
은수　　여동생은 학생이에요?
다쿠야　네, 대학교에 다녀요.

가족 관계, 이름, 나이 등을 공손하게 물을 때 다음과 같이 말할 수 있다.
When you ask politely about family relations, name, age, etc., you can say the following.
- 가족이 어떻게 되세요?
- 성함이 어떻게 되세요?
- 나이/연세가 어떻게 되세요?

💬 **그림을 보고 친구와 이야기해 보세요.** Create conversations for the following pictures with your partner.

| 새 단어 New Vocabulary | 가족 family　부모님 parents　중학교 middle school　대학교 college, university　다니다 to attend
대학생 college/university student　주부 housewife　공무원 government employee |

듣기 Listening

1. 잘 듣고 누구인지 쓰세요. Listen to the description and write who they are.

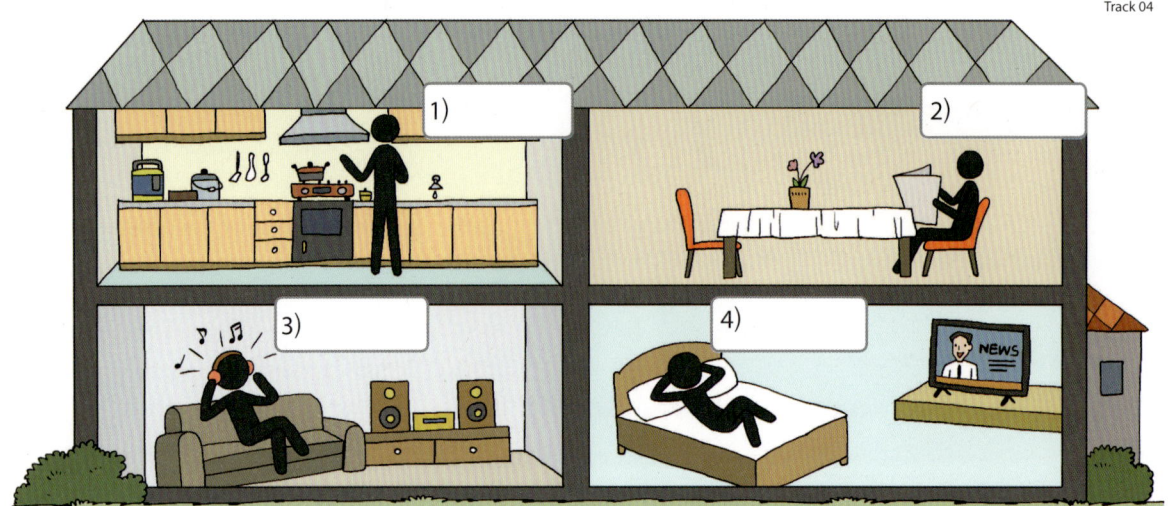

1)
2)
3)
4)

2. 잘 듣고 질문에 답하세요. Listen to the conversation and answer the questions.

	네	아니요
1) 호세 씨의 가족은 모두 5명이에요?	☐	☐
2) 호세 씨의 아버지는 신문사에서 일하세요?	☐	☐
3) 호세 씨의 여동생은 변호사예요?	☐	☐

3. 잘 듣고 맞는 사진을 고르세요. Listen to the descriptions and choose the correct pictures.

1) ①  ②  ③

2) ①  ②  ③

새 단어 New Vocabulary 신문사 newspaper company

정답 | 1. 1) 아니요 2) 아버지 3) 동생/남동생 4) 동생/여동생
2. 1) 네 2) 네 3) 아니요 3. 1) ① 2) ②

과제 Tasks and Activities

 가족에 대해 묻고 이야기해 보세요. Ask and answer questions about family with your partner.

1. 다른 사람의 가족에 대해 알고 싶을 때 어떻게 질문하면 좋을까요? 이야기해 보세요.
What's a good way to ask when you want to know about someone's family? Ask and answer with your partner as shown in the example.

- 가족이 어떻게 되세요? / 가족이 몇 명이에요?
- 네 명이에요.
- _____?
- 우리 아버지는 선생님이세요.
- _____?
- 쉰다섯이세요.
- _____?
- 아버지는 축구를 좋아하세요.
- _____?
- _____.

2. 다음은 여러분의 가족입니다. 아래 표를 보고 질문에 대답해 보세요.
The following people are your family. Look at the chart below and answer the questions.

 학생 A
학생 B ➡ p. 144

나	남동생	어머니	아버지	할머니
	나이: 18	나이: 52	나이: 54	나이: 76
	직업: 고등학생	직업: 선생님	직업: 의사	직업: 주부
	취미: 축구	취미: 수영	취미: 등산	취미: 요리

3. 친구의 가족에 대해 묻고 답을 써 보세요. Ask your partner about their family and write their answers.

할아버지
나이:
직업:
취미:

_____
나이:
직업:
취미:

나이:
직업:
취미:

나이:
직업:
취미:

새 단어 New Vocabulary 고등학생 high school student   취미 hobby   축구 soccer   등산 mountain climbing

1 가족
Family

2과 어머니는 전에 무슨 일을 하셨어요?
What did your mother use to do?

- 존댓말로 말하기 2
  Using honorific expressions 2
- 가족 소개하기 2
  Introducing family members 2

 오늘은 할머니의 생신입니다. 그림을 보고 보기 와 같이 이야기해 보세요.
Today is your grandmother's birthday. Look at the following picture and talk about the family members using the vocabulary below as shown in the example.

김진희 할머니, 80세 생신을 축하드려요.

보기
- A 할머니 연세가 어떻게 되세요?
- B 여든이세요.

어휘 Vocabulary

| 이름 / 성함 | 생일 / 생신 | 나이 / 연세 | 집 / 댁 | 먹다 / 드시다 | 있다 / 계시다 | 자다 / 주무시다 |

22   1. 가족

핵심 표현 Key Expression ❶ | A/V-(으)셨어요

Track 07

A 할머니는 전에 무슨 일을 하셨어요?
B 학교에서 역사를 가르치셨어요.

A: What did your grandmother use to do?
B: She used to teach history at a school.

 그림을 보고 보기 와 같이 이야기해 보세요.
Create dialogues for the following pictures as shown in the example.

학생 A
학생 B ▶ p. 145

❶  할아버지는 어제 뭘 하셨어요?
친구에게 질문하세요.
Ask your partner what their grandfather did yesterday.

❷  할머니는 어제 뭘 하셨어요?
친구의 질문에 대답하세요.
Tell your partner what your grandmother did yesterday.

보기
할아버지는 어제 시장에 가셨어요?
네, 가셨어요.

	네	아니요
보기 시장에 가다	✓	
1) 영화를 보다		
2) 산책하다		
3) 친구를 만나다		
4) 책을 읽다		
5) 10시에 자다		

🔍 A/V-(으)셨어요

'-(으)셨어요' is an honorific form of '-았어요/었어요' and is combined with an adjective or a verb. This form is used when the subject of the sentence is older or has a higher social status than the speaker.
할아버지는 지난주에 산에 가셨어요. | 어머니는 아침에 신문을 읽으셨어요.

새 단어
New Vocabulary   전에 before   역사 history   산책하다 to take a walk

1-2. 어머니는 전에 무슨 일을 하셨어요? 23

핵심 표현 Key Expression ❷ | A/V – 고

Track 08

A 가족이 모두 미국에 있어요?
B 아니요, 부모님은 미국에 계시고 남동생은 중국에 있어요.

A: Is all of your family in America?
B: No, my parents are in America, and my younger brother is in China.

여기는 학교 기숙사입니다. 친구들이 지금 무엇을 합니까? 그림을 보고 보기 와 같이 이야기해 보세요. This is a school dormitory. What are the people doing now? Create dialogues for the following pictures as shown in the example.

보기
지금 양양 씨하고 다쿠야 씨는 뭐 해요?
양양 씨는 자고 다쿠야 씨는 음악을 들어요.

🔍 A/V – 고

'–고' is used in conjunction with an adjective or verb to list actions, conditions, and facts. The meaning is the same even if the preceding and the subsequent clause changes.

학생 식당 음식이 싸고 맛있어요.
저는 주말에 요리도 하고 청소도 해요.

여름에는 날씨가 덥고 비가 많이 와요.
저는 영어를 배우고 형은 중국어를 배워요.

24 1. 가족

말하기 Speaking

Takuya: Jiwoo, what did you do over the weekend?
Jiwoo: I rested at home on Saturday and went to my grandfather's house on Sunday. Sunday was his birthday.
Takuya: How old is he?
Jiwoo: He's seventy-five. This is my grandfather.
Takuya: What did he use to do?
Jiwoo: He was a teacher. He taught high school English.

다쿠야 지우 씨, 주말에 뭐 했어요?
지우   토요일에는 집에서 쉬고 일요일에는 할아버지 댁에 갔어요.
        일요일이 할아버지 생신이었어요.
다쿠야 할아버지 연세가 어떻게 되세요?
지우   일흔다섯이세요. 이분이 우리 할아버지세요.
다쿠야 할아버지는 전에 무슨 일을 하셨어요?
지우   선생님이셨어요. 고등학교에서 영어를 가르치셨어요.

💬 그림을 보고 친구와 이야기해 보세요. Create conversations for the following pictures with your partner.

1) 집에서 쉬다

선생님
75
고등학교에서 영어를 가르치다

2) 친구를 만나다

기자
83
신문사에서 일하다

3) 청소를 하다

회사원
81
컴퓨터 회사에 다니다

4) 집에서 영화를 보다

은행원
72
서울은행에서 일하다

새 단어 New Vocabulary 고등학교 high school

듣기 Listening

1. 잘 듣고 시간 순서에 따라 번호를 쓰세요.
Listen to the conversation and write the number according to the order of events that took place.

(1)　　　( )　　　( )　　　( )　　　( )

2. 잘 듣고 질문에 답하세요. Listen to the conversation and answer the questions.

1) 지우 씨는 내일 뭐 해요? What is Jiwoo doing tomorrow?

　① 회사에서 일해요.　　② 부모님 댁에 가요.　　③ 어머니 선물을 사요.

2) 지우 씨의 어머니는 전에 무슨 일을 하셨어요? 쓰세요. What did Jiwoo's mother use to do? Write it down.

_____

3. 잘 듣고 연결하세요. Listen and connect the person to their correct age, then to the correct picture in the ⓐ, ⓑ, ⓒ column, and lastly to the correct picture in the ㉠, ㉡, ㉢ column.

1)  •　　• ① 81살 •　　• ⓐ  •　　• ㉠

2)  •　　• ② 78살 •　　• ⓑ  •　　• ㉡

3)  •　　• ③ 55살 •　　• ⓒ  •　　• ㉢

정답 | 1. (1) (3) (4) (2) (5)　2. 1) ②　2) 은행에 다니셨어요　3. 1)-②-ⓒ-㉡　2)-①-ⓐ-㉠　3)-③-ⓑ-㉢

과제 Tasks and Activities

 여러분의 가족을 소개해 보세요. 그리고 친구들의 가족에 대해 질문해 보세요.
Introduce your family. Then ask your partner about their family.

1. 여러분은 가족사진이 있습니까? 가족사진이 없으면 여러분의 가족을 그려 보세요.
Do you have a family photo? If you don't have one, then draw your own.

2. 여러분의 가족을 소개할 때 필요한 단어를 생각해 보세요. 잘 모르면 사전을 찾거나 선생님과 친구들에게 물어보세요. Think about the words that you need to use when introducing your family. If you're not sure, then look them up in the dictionary or ask the teacher or your classmates for help.

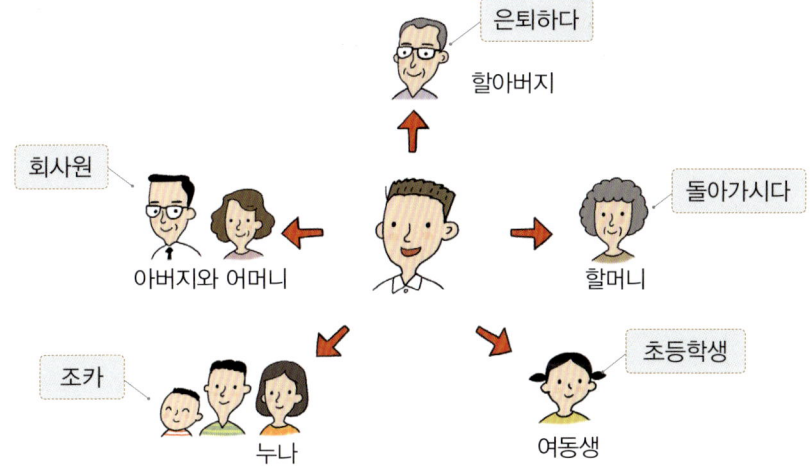

3. 여러분의 가족을 소개해 보세요.
그리고 친구들의 가족 소개를 듣고 궁금한 것을 물어보세요.
Introduce your family. Listen carefully to your classmates' introductions of their families and ask them things you're curious about.

새 단어 New Vocabulary   은퇴하다 to retire   돌아가시다 to die (honorific form)   조카 niece, nephew   초등학생 elementary school student

읽고 쓰기 | Reading and Writing

1. 다음을 읽고 질문에 답하세요. Read the following passage and answer the questions.

> 우리 가족은 모두 다섯 명이에요. 할아버지하고 부모님이 계시고 누나가 한 명 있어요. 우리 가족은 모두 인도에 있어요. 할아버지는 전에 공무원이셨어요. 지금은 은퇴하셨어요. 할아버지는 운동을 좋아하세요. 매일 공원에서 운동을 하세요. 아버지는 사업을 하세요. 아주 바쁘세요. 어머니는 중학교 역사 선생님이세요. 우리 부모님은 음악을 아주 좋아하세요. 자주 같이 음악을 들으세요. 우리 누나는 기자예요. 다음 달에 결혼을 해요. 그래서 저는 다음 달에 인도에 가요. 저는 우리 가족을 정말 사랑해요.

1) 이 사람의 가족사진을 고르세요. Choose the person's family photo.

① 　② 　③

2) 이 글의 내용과 같으면 ○, 다르면 ×표 하세요.
   If the statement is the same as above, then write ○. If not, then write ×.

   ① 할아버지는 매일 운동을 하세요.　　　(　)
   ② 부모님은 지금 일을 안 하세요.　　　(　)
   ③ 누나는 지난달에 결혼했어요.　　　(　)
   ④ 이 사람은 다음 달에 가족을 만나요.　　　(　)

2. 여러분은 가족이 몇 명입니까? 가족을 소개하는 글을 써 보세요.
How many people are in your family? Write an introduction about them.

새 단어 New Vocabulary
사업을 하다 to operate a business　바쁘다 to be busy　다음 달 next month
결혼하다 to get married　사랑하다 to love

정답 | 1. ① 2. 1) (○) 2) (×) 3) (×) 4) (○)

어휘 확인 Vocabulary Check

1과 이분은 우리 아버지세요
This person is my father

- ☐ 할아버지 — grandfather
- ☐ 할머니 — grandmother
- ☐ 아버지 — father
- ☐ 어머니 — mother
- ☐ 형 — a male's older brother
- ☐ 누나 — a male's older sister
- ☐ 오빠 — a female's older brother
- ☐ 언니 — a female's older sister
- ☐ 남동생 — younger brother
- ☐ 여동생 — younger sister
- ☐ 남편 — husband
- ☐ 아내 — wife
- ☐ 아들 — son
- ☐ 딸 — daughter

2과 어머니는 전에 무슨 일을 하셨어요?
What did your mother use to do?

- ☐ 성함 — name (honorific form)
- ☐ 생신 — birthday (honorific form)
- ☐ 연세 — age (honorific form)
- ☐ 댁 — house (honorific form)
- ☐ 드시다 — to eat (honorific form)
- ☐ 계시다 — to be (honorific form)
- ☐ 주무시다 — to sleep (honorific form)

2 쇼핑 Shopping

1과   한번 입어 보세요
Try it on

- 쇼핑하기 1 / Shopping 1
- 권유하기 / Suggesting

 다음은 같은 반 친구들의 사진입니다. 그림을 보고 보기 와 같이 말해 보세요.
The following is a photo of classmates. Talk about their outfits using the vocabulary below as shown in the example.

보기 팅팅
1 다쿠야
2 유카
3 양양
4 케빈
5 에바
6 에밀리
7 투이

보기
팅팅 씨는 치마하고 스웨터를 입고 구두를 신었어요.

어휘 Vocabulary

| 티셔츠 | 바지 | 치마 | 코트 | 원피스 | 양복 | | 입다 | 쓰다 | 신다 | 하다 |
| 스웨터 | 모자 | 구두 | 운동화 | 넥타이 | 스카프 | | | | | |

30   2. 쇼핑

핵심 표현 Key Expression ❶ | '―' 탈락

Track 13

A 사이즈가 어때요?
B 좀 커요.

A: How do they fit?
B: They're a bit big.

그림을 보고 보기 와 같이 이야기해 보세요. Create dialogues for the following pictures as shown in the example.

'―' 탈락

When a verb or an adjective has an ending vowel of '―' and it is combined with an ending starting with '아/어', '―' is dropped leaving the final ending vowel of '아/어'.

지우 씨는 요즘 바빠요. | 로렌 씨는 눈이 크고 예뻐요.

새 단어
New Vocabulary

사이즈 size   크다 to be big   몸이 안 좋다 to not feel good   머리 head   아프다 to be hurt
편지 letter   쓰다 to write   잘 맞다 to fit correctly   나쁘다 to be bad   마음에 들다 to like, to be pleased with
예쁘다 to be pretty   배고프다 to be hungry

핵심 표현 Key Expression ❷ | V – 아/어 보세요

A 치마가 좀 작아요.
B 그럼 이거 한번 입어 보세요.

A: This skirt is a little small.
B: Well then, try this one on.

그림을 보고 보기 와 같이 말해 보세요. Create sentences for the following pictures as shown in the example.

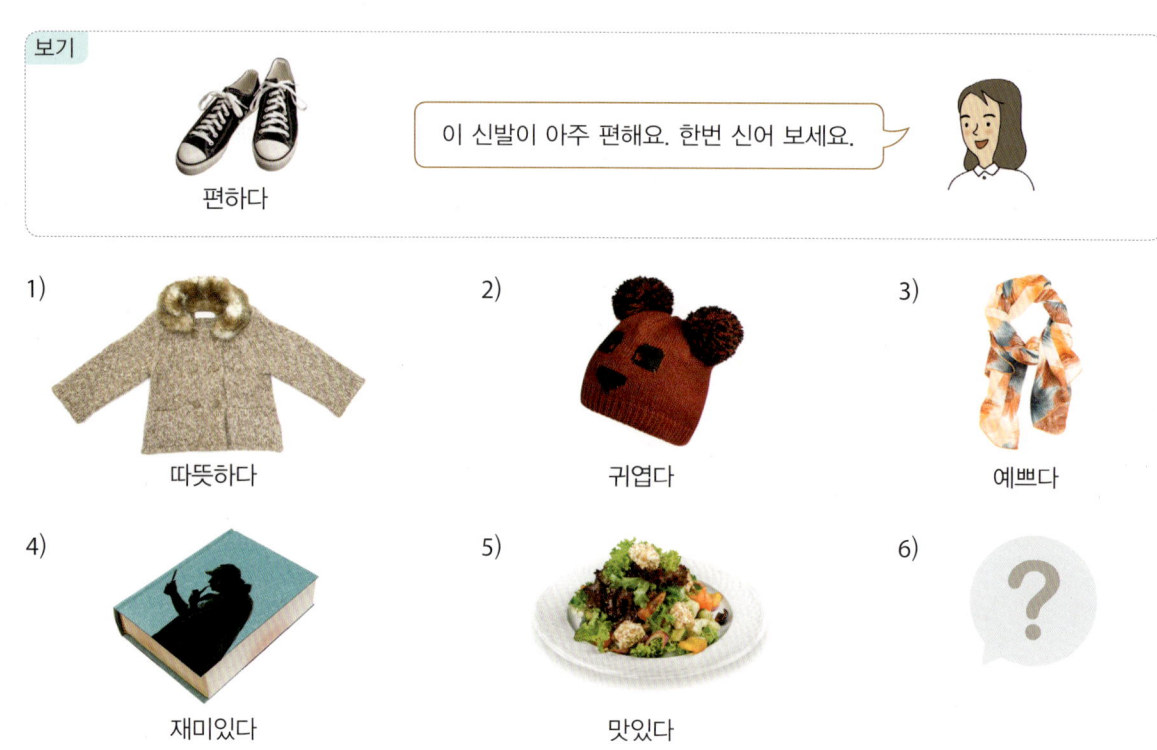

보기
편하다
이 신발이 아주 편해요. 한번 신어 보세요.

1) 따뜻하다
2) 귀엽다
3) 예쁘다
4) 재미있다
5) 맛있다
6) ?

🔍 V – 아/어 보세요

'–아/어 보세요' is used to suggest that someone try something on an experimental basis.
우리 고향에 한번 와 보세요. 아주 아름다워요. | 이 책이 재미있어요. 한번 읽어 보세요.

새 단어
New Vocabulary   작다 to be small   한번 once, one time   편하다 to be comfortable

말하기 | Speaking

Track 15

Employee: Welcome. Are you looking for anything in particular?
Lauren: Do you have any skirts?
Employee: Yes, we do. How do you like this one? This is the trend these days.
Lauren: How much is it?
Employee: It's 30,000 won. Try it on.

직원 어서 오세요. 뭘 찾으세요?
로렌 치마 있어요?
직원 네. 이건 어떠세요? 요즘 이 스타일이 유행이에요.
로렌 얼마예요?
직원 삼만 원이에요. 한번 입어 보세요.

> **이건 / 그건 / 저건**
> '이건'은 '이거는'을 줄인 표현이다. '그거는', '저거는'도 줄여서 '그건', '저건'으로 말할 수 있다.
> '이건' is the contraction of '이거는'. '그거는' and '저거는' can also be contracted by saying '그건' and '저건' respectively.
> A: 이건 뭐예요?
> B: 그건 스카프예요.

💬 **그림을 보고 친구와 이야기해 보세요.** Create conversations for the following pictures with your partner.

1)  ₩30,000

2)  ₩70,000

3)  ₩25,000

4)  ₩50,000

새 단어 | New Vocabulary 찾다 to look for   스타일 style   유행이다 to be the trend

듣기 | Listening

1. 잘 듣고 알맞은 그림과 연결하세요.
Listen to the conversations and connect the number to the correct picture.

1)   2)   3)   4)

①   ②   ③   ④   ⑤

2. 잘 듣고 질문에 답하세요. Listen to the conversation and answer the questions.

1) 여자는 뭘 샀어요? What did the woman buy?

①   ②   ③

2) 여자는 그 옷을 얼마를 주고 샀어요? 쓰세요. How much did the woman pay for the clothes? Write it down.

_____ 원

3. 잘 듣고 맞으면 ○, 틀리면 ×표 하세요.
Listen to the narration and write ○ if the statement is correct. If not, then write ×.

1) 집 근처에 옷가게가 많아요.   (　　)
2) 동대문 시장의 옷은 싸고 좋아요.   (　　)
3) 여자는 지난 주말에 쇼핑을 하고 밥을 먹었어요.   (　　)

| 새 단어 New Vocabulary | 옷가게 clothing store |

정답 | 1. 1)-③ 2)-⑤ 3)-② 4)-① 2. 1) ② 2) 50,000 3. 1) (×) 2) (○) 3) (○)

34 2. 쇼핑

과제 Tasks and Activities

 서울에서 꼭 해 봐야 하는 것을 친구에게 추천해 보세요.
Recommend something to your partner that they must do while in Seoul.

1. 서울에서 생활하면서 어디가 좋았습니까? 무슨 음식이 맛있었습니까? 무엇이 재미있었습니까? 생각나는 것을 써 보세요. While living in Seoul, what are the places that you liked? What kinds of food were delicious? What was exciting? Write down things that come to mind.

2. 친구들과 여러분의 경험을 이야기하고 서울에서 꼭 해 봐야 하는 것 5가지를 써 보세요.
Share your experiences with your classmates and list 5 things that people must try in Seoul.

3. 위에서 이야기한 것을 발표해 보세요. Present your list to the class.

N서울타워에 가 보세요. 야경이 아주 예뻐요. 그리고 명동에서 화장품 쇼핑을 해 보세요. 화장품이 싸고 좋아요.

새 단어 New Vocabulary   화장품 cosmetics   야경 night view   자전거를 타다 to ride a bicycle

2 쇼핑 Shopping

2과 더 긴 치마는 없어요?
Isn't there a longer skirt?

- 쇼핑하기 2 / Shopping 2
- 사물 묘사하기 / Describing things

1. 그림을 보고 보기 와 같이 말해 보세요.
Look at the following pictures and talk about the following situations using the vocabulary below as shown in the example.

보기 건물이 높아요.

건물이 낮아요.

어휘 Vocabulary

좋다 ↔ 나쁘다	길다 ↔ 짧다	두껍다 ↔ 얇다	무겁다 ↔ 가볍다	맛있다 ↔ 맛없다
크다 ↔ 작다	높다 ↔ 낮다	밝다 ↔ 어둡다	편하다 ↔ 불편하다	재미있다 ↔ 재미없다

2. 위의 그림에서 아래의 색깔들을 찾아 보세요. In the pictures above, search for the colors below.

색깔: 빨간색, 노란색, 녹색, 파란색, 갈색, 회색, 하얀색, 까만색

새 단어 New Vocabulary

건물 building

핵심 표현 Key Expression ❶ | A-(으)ㄴ N

A 더 큰 사이즈가 있어요?
B 네. 잠깐만 기다리세요.

A: Don't you have a bigger size?
B: Yes, we do. Wait a moment.

 보기 와 같이 친구와 이야기해 보세요. Ask and answer with your partner as shown in the example.

보기

어떤 날씨를 좋아해요?   저는 시원한 날씨를 좋아해요.

1) 어떤 날씨를 좋아해요?   따뜻하다   시원하다   춥다   덥다
2) 어떤 옷이 많아요?   밝다   어둡다   편하다   귀엽다
3) 어떤 영화를 많이 봐요?   무섭다   재미있다   슬프다
4) 어떤 사람을 좋아해요?   착하다   똑똑하다   재미있다   멋있다
5) _____?   ?

🔍 A-(으)ㄴ N

'-(으)ㄴ' is used in conjunction with an adjective to modify the noun that follows it. It is used to specify the nature or condition of a noun.

그 가게에는 큰 가방이 없어요.   한국에서 좋은 친구를 많이 만났어요.
저는 따뜻한 날씨를 좋아해요.   어제 재미있는 이야기를 들었어요.

새 단어
New Vocabulary

어떤 what kind   무섭다 to be scary   슬프다 to be sad   착하다 to be nice   똑똑하다 to be smart
멋있다 to be stylish

2-2. 더 긴 치마는 없어요? 37

핵심 표현 Key Expression ❷ | 'ㄹ' 탈락

Track 20

A 치마가 마음에 드세요?
B 좀 더 긴 치마는 없어요?

A: Do you like the skirt?
B: Isn't there a bit longer one?

보기와 같이 친구와 이야기해 보세요. Ask and answer with your partner as shown in the example.

보기
어디에서 사세요?
저는 대학동에서 살아요.

어디에서 사세요?
한국 노래를 아세요?
무슨 음식을 잘 만드세요?
한국 생활이 힘드세요?

🔍 'ㄹ' 탈락

When a verb or adjective ends in 'ㄹ' consonant, an exception is made in which '으' is not added, not following the regular conjugation rule. Also, when it is combined with endings that begin with the consonants 'ㄴ, ㅂ, ㅅ', the ending consonant 'ㄹ' is dropped.

부모님은 부산에서 사세요. | 날씨가 추워요. 긴 바지를 입으세요.

새 단어 New Vocabulary 살다 to live   알다 to know   만들다 to make   생활 life, living   힘들다 to be laborious, to be hard

말하기 Speaking

Thuy: There aren't any different skirts?
Employee: What's wrong with it? Do you not like it?
Thuy: It's a bit short. Do you have a longer one?
Employee: Well, how about this blue skirt?
Thuy: Great, please give me it.

투이 다른 치마는 없어요?
직원 왜요? 마음에 안 드세요?
투이 좀 짧아요. 더 긴 거 있어요?
직원 그럼 이 파란색 치마는 어떠세요?
투이 네, 그거 주세요.

A -(으)ㄴ 거

앞에서 이미 언급된 것에 대해 이야기할 때는 해당 단어를 '거'로 대체하여 불필요한 반복을 피할 수 있다.

When you talk about something that was previously mentioned, you can avoid unnecessary repetition by replacing the word with '거'.

A: 어떤 영화를 좋아해요?
B: 무서운 영화 좋아해요.
 = 무서운 거 좋아해요.

그림을 보고 친구와 이야기해 보세요. Create conversations for the following pictures with your partner.

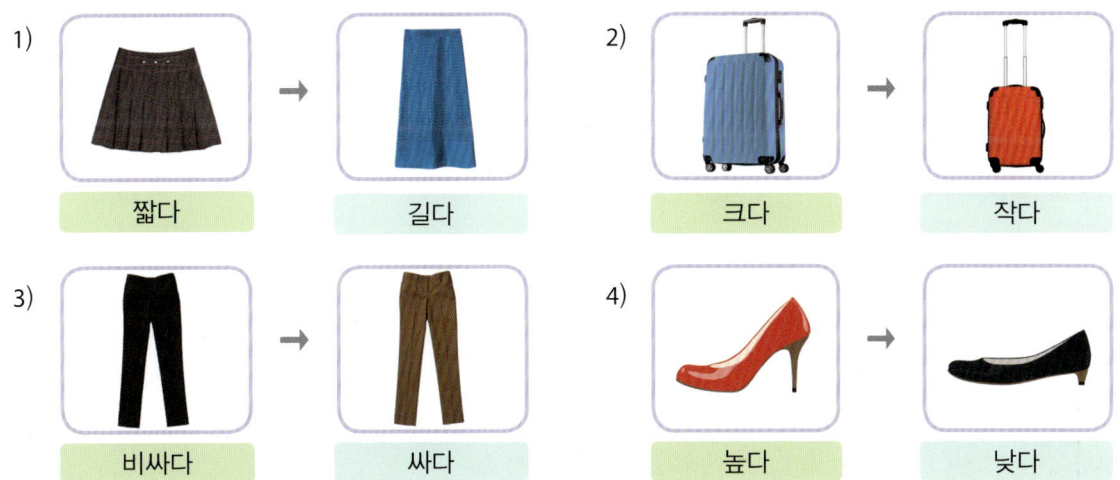

1) 짧다 → 길다
2) 크다 → 작다
3) 비싸다 → 싸다
4) 높다 → 낮다

새 단어 / New Vocabulary 다르다 to be different   왜 why

듣기 Listening

1. 잘 듣고 알맞은 그림을 고르세요. Listen to the conversations and choose the correct pictures.

1) ①  ② 　　2) ①  ②

3) ①  ② 　　4) ①  ②

2. 남자는 어떤 운동화를 샀습니까? 잘 듣고 알맞은 그림을 고르세요.
What kind of shoes did the man buy? Listen to the conversation and choose the correct picture.

① 　② 　③

3. 이 사람은 누구입니까? 잘 듣고 번호를 쓰세요.
Who is this person? Listen to the conversations and write the corresponding numbers.

1) 미나　(　　)

2) 파스칼　(　　)

3) 단단　(　　)

4) 마이클　(　　)

정답 | 1. 1) ① 2) ② 3) ① 4) ②　2. ①　3. 1) ⑤ 2) ② 3) ④

과제 Tasks and Activities

 교실 안의 물건과 친구들에 대해서 이야기해 보세요.
Talk about items in the classroom and your classmates.

1. 다음 단어를 사용하여 보기 와 같이 만들어 보세요.
Use the following words to make clauses as shown in the example.

> 크다 작다 길다 짧다 예쁘다 착하다 재미있다
> 멋있다 무겁다 가볍다 많다 멀다 가깝다

2. 우리 반 친구들에 대해 이야기해 보세요. Talk about your classmates with your partners.

3. 위에서 이야기한 것을 발표해 보세요. Present what you talked about to the class.

> 머리가 짧은 사람은
> 양양 씨하고 올리버 씨예요.

> 집이 먼 사람은
> 에밀리 씨예요.

새 단어 New Vocabulary 멀다 to be far 가깝다 to be close

읽고 쓰기 Reading and Writing

1. 다음을 읽고 질문에 답하세요. Read the following passage and answer the questions.

> 우리 집 근처에는 신림 시장이 있어요. 저는 보통 신림 시장에서 물건을 사요. 신림 시장은 값도 싸고 시장 아주머니들도 친절하세요. 저는 특히 과일 가게에 자주 가요. 그 가게 과일이 크고 맛있어요. 아주머니가 가끔 과일을 하나 더 주세요. 신림 시장에는 반찬 가게도 있어요. 저는 집에서 요리를 안 해요. 그래서 그 가게에서 반찬을 자주 사요. 반찬이 정말 맛있고 종류도 많아요. 여러분도 신림 시장에 한번 가 보세요.

1) 이 사람은 어느 가게에 자주 가요? 모두 고르세요.
Which store does the person go to often? Choose all that apply.

①  ②  ③  ④

2) 이 글의 내용과 같으면 ○, 다르면 ×표 하세요.
If the statement is the same as above, then write ○. If not, then write ×.

① 신림 시장이 멀어요. ( )
② 과일 가게의 과일이 맛있어요. ( )
③ 이 사람은 음식을 자주 만들어요. ( )

2. 여러분은 주로 어디에서 쇼핑합니까? 여러분의 쇼핑 경험을 써 보세요.
Where do you mainly go shopping? Write about your shopping experiences.

새 단어 New Vocabulary: 물건 item, 값 price, 아주머니 middle-aged woman, 특히 particularly, 과일 fruit, 가끔 sometimes, 종류 type of

어휘 확인 Vocabulary Check

1과 한번 입어 보세요
Try it on

- ☐ 티셔츠 — t-shirt
- ☐ 바지 — pants
- ☐ 치마 — skirt
- ☐ 코트 — coat
- ☐ 원피스 — dress
- ☐ 양복 — suit
- ☐ 스웨터 — sweater
- ☐ 모자 — hat, cap
- ☐ 구두 — dress shoes
- ☐ 운동화 — sneakers, tennis shoes
- ☐ 넥타이 — necktie
- ☐ 스카프 — scarf
- ☐ (옷을) 입다 — to put on / wear (clothes)
- ☐ (모자를) 쓰다 — to wear (a hat)
- ☐ (신발을) 신다 — to wear (shoes)
- ☐ (넥타이를) 하다 — to wear (a necktie)

2과 더 긴 치마는 없어요?
Isn't there a longer skirt?

- ☐ 좋다 ↔ 나쁘다 — to be good ↔ to be bad
- ☐ 길다 ↔ 짧다 — to be long ↔ to be short
- ☐ 두껍다 ↔ 얇다 — to be thick ↔ to be thin
- ☐ 무겁다 ↔ 가볍다 — to be heavy ↔ to be light
- ☐ 맛있다 ↔ 맛없다 — to taste delicious ↔ to taste bad
- ☐ 크다 ↔ 작다 — to be big ↔ to be small
- ☐ 높다 ↔ 낮다 — to be high ↔ to be low
- ☐ 밝다 ↔ 어둡다 — to be bright ↔ to be dark
- ☐ 편하다 ↔ 불편하다 — to be comfortable ↔ to be uncomfortable
- ☐ 재미있다 ↔ 재미없다 — to be fun ↔ to not be fun
- ☐ 색깔 — color
- ☐ 빨간색 — red
- ☐ 노란색 — yellow
- ☐ 녹색 — green
- ☐ 파란색 — blue
- ☐ 갈색 — brown
- ☐ 회색 — gray, grey
- ☐ 하얀색 — white
- ☐ 까만색 — black

3 여행 Travel

1과 날씨가 좋으면 한라산에 갈 거예요
If the weather is nice, I'm going to go to Hallasan

- 여행 계획 말하기 Talking about travel plans
- 미래 표현하기 Expressing the future
- 가정 표현하기 Expressing assumptions

여러분은 여행을 가기 전에 뭘 먼저 준비합니까? 순서를 쓰고 보기 와 같이 이야기해 보세요.
What do you prepare first before going on a trip? Write the order of the actions in chronological order and talk about them using the vocabulary below as shown in the example.

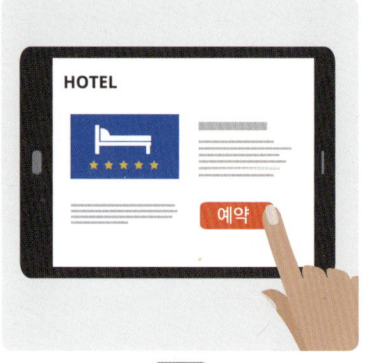

보기

A: 여행 준비를 어떻게 해요?
B: 저는 먼저 비행기 표를 예매해요. 그다음에 호텔을 예약해요. 그리고 돈을 바꿔요. 마지막으로 짐을 싸요.

어휘 Vocabulary

여권을 만들다	비행기 표를 예매하다	호텔을 예약하다
맛집을 찾아보다	돈을 바꾸다	짐을 싸다

💡 **먼저, 그다음에, 그리고, 마지막으로**
First, next, and, last

순서를 이야기할 때 '먼저', '그다음에', '그리고', '마지막으로'와 같은 표현을 사용한다.

When describing order or sequence, the expressions such as '먼저', '그다음에', '그리고', and '마지막으로' are used.

새 단어 New Vocabulary 준비하다 to prepare   어떻게 how

핵심 표현 Key Expression ❶ | V-(으)ㄹ 거예요

Track 25

A 방학에 뭐 할 거예요?
B 부산으로 여행을 갈 거예요.

A: What are you going to do during school vacation?
B: I'm going to take a trip to Busan.

💬 여러분의 주말 계획을 이야기해 보세요. Talk about your weekend plans.

1. 여러분은 이번 주말에 어디에서, 무엇을 할 거예요? 아래 표에 써 보세요.
Where are you going to go and what are you going to do this weekend? Fill in the table below.

토요일		일요일	
아침		아침	
점심		점심	
저녁		저녁	

2. 보기 와 같이 친구들에게 주말 계획을 물어보세요.
Ask your classmates about their plans for the weekend as shown in the example.

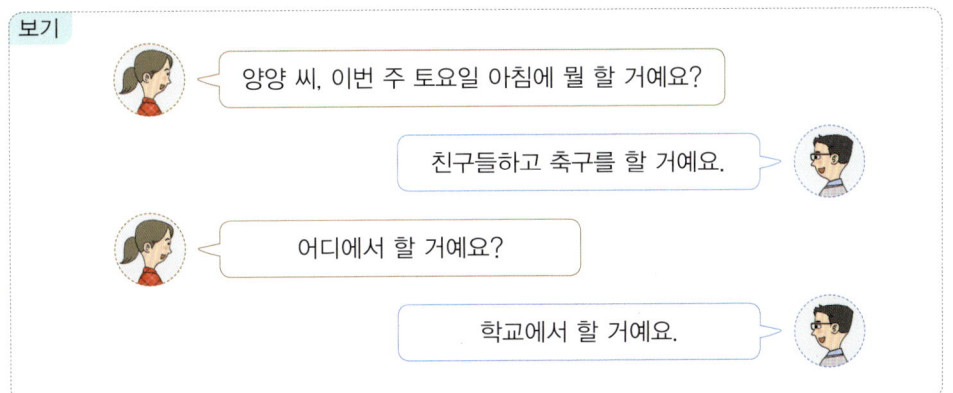

보기
- 양양 씨, 이번 주 토요일 아침에 뭘 할 거예요?
- 친구들하고 축구를 할 거예요.
- 어디에서 할 거예요?
- 학교에서 할 거예요.

새 단어 New Vocabulary
여행을 가다
to go on a trip

🔍 V-(으)ㄹ 거예요

'-(으)ㄹ 거예요' indicates a future plan or will to do something.

수업 끝나고 명동에 갈 거예요. | 내일 집에서 책을 읽을 거예요.

3-1. 날씨가 좋으면 한라산에 갈 거예요 45

핵심 표현 Key Expression ❷ | A/V-(으)면

Track 26

A 부산에서 뭘 할 거예요?
B 날씨가 좋으면 바다에서 수영할 거예요.

A: What are you going to do in Busan?
B: If the weather is nice, I'm going to swim in the ocean.

 그림을 보고 보기 와 같이 이야기해 보세요.
Create dialogues for the following pictures as shown in the example.

보기
시간이 있으면 뭘 할 거예요?
저는 시간이 있으면 여행을 할 거예요.

시간이 있다

1) 고향에 가다
2) 돈이 많다
3) 한국어를 잘하다
4) 고향에서 친구가 오다
5) ___에 가다
6) ___을/를 만나다
7) ?

🔍 A/V-(으)면

'-(으)면' indicates a condition or assumption.

아침에 일어나면 먼저 물을 마셔요. | 내일 날씨가 좋으면 등산할 거예요.

새 단어 New Vocabulary 바다 ocean, sea   고향 hometown   잘하다 to do well, to be good at something

말하기 Speaking

 Track 27

Minjun: Tingting, what are you going to do during school vacation?
Tingting: I'm going to take a trip to Jejudo.
Minjun: What are you going to do there?
Tingting: If the weather is nice, I'm going to go to Hallasan, but if it rains, then I'm going to rest at a hot spring.
Minjun: Is that so? Did you book a flight?
Tingting: Yes, I did it yesterday. I'm going to book a hotel room today.

민준   팅팅 씨, 방학에 뭐 할 거예요?
팅팅   제주도로 여행을 갈 거예요.
민준   거기에서 뭐 할 거예요?
팅팅   날씨가 좋으면 한라산에 가고 비가 오면 온천에서 쉴 거예요.
민준   그래요? 비행기 표를 예매했어요?
팅팅   네, 어제 했어요. 오늘은 호텔을 예약할 거예요.

할 거예요	[할꺼예요]
갈 거예요	[갈꺼예요]
쉴 거예요	[쉴꺼예요]
예약할 거예요	[예야칼꺼예요]

 그림을 보고 친구와 이야기해 보세요. Create conversations for the following pictures with your partner.

1) 제주도

한라산에 가다 / 온천에서 쉬다
비행기 표를 예매하다 / 호텔을 예약하다

2) 강원도

바다에서 서핑하다 / 맛집에 가다
호텔을 예약하다 / 짐을 싸다

3) 경주

불국사에 가다 / 박물관을 구경하다
기차표를 예매하다 / 짐을 싸다

4) 부산

배를 타다 / 자갈치 시장에 가다
호텔을 예약하다 / 맛집을 찾아보다

새 단어 New Vocabulary 한라산 Hallasan Mountain   온천 hot spring   서핑하다 to surf   불국사 Bulguksa Temple   박물관 museum   구경하다 to sightsee, to watch   기차표 train ticket   배 boat, ship   자갈치 시장 Jagalchi Market

3-1. 날씨가 좋으면 한라산에 갈 거예요

듣기 Listening

1. 이 사람은 무엇을 할 것입니까? 잘 듣고 연결하세요.
What is the person going to do? Listen to the conversations and connect the person to the correct action.

Track 28

1)  올리버
2)  팅팅
3)  다쿠야
4)  에밀리

① 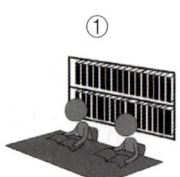   ②    ③    ④    ⑤

2. 잘 듣고 질문에 답하세요. Listen to the conversation and answer the questions.

Track 29

1) 준비를 다 한 것은 ○, 아직 못 한 것은 ×표 하세요. Write ○ for things that have been prepared. If not, then write ×.

①    ②    ③    ④

(   )   (   )   (   )   (   )

2) 맞는 것을 고르세요. Choose the correct answer.
① 여자는 여행 책을 살 거예요.   ② 남자는 다음 주에 여행을 가요.   ③ 두 사람은 지금 싱가포르에 있어요.

3. 잘 듣고 누구의 이야기인지 표시하세요. Listen to the conversation and put a check mark for the person that is described.

Track 30

	여자는	남자는	
1)	☐	☐	다음 달에 휴가가 있어요.
2)	☐	☐	친구가 프랑스에 있어요.
3)	☐	☐	그림을 좋아해요.
4)	☐	☐	고향 친구들이 한국에 올 거예요.

새 단어 New Vocabulary
싱가포르 Singapore   휴가 vacation
그림 painting, picture

정답 | 1.1)③ 2)① 3)② 4)④   2.1)(○)(○)(×)(×) 2)②   3.1)☐☒ 2)☒☐ 3)☒☐ 4)☐☒

과제 Tasks and Activities

 친구들과 주말여행 계획을 짜고 발표해 보세요.
Plan a weekend trip with your partners and then present it to the class.

1. 여러분은 시간이 있으면 어디로 여행을 가고 싶습니까? If you have time, where would you like to go?

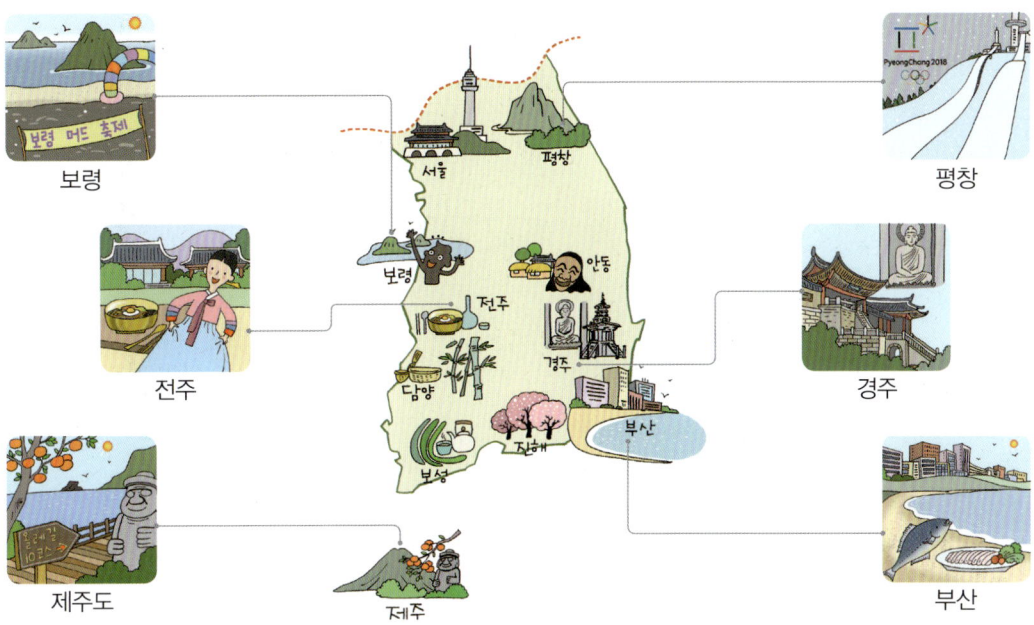

2. 친구들과 주말여행 계획을 짜 보세요. Plan a weekend trip with your partners.

1) 어디로 여행을 갈 거예요?	부산
2) 거기에서 뭘 할 거예요?	
3) 거기에서 뭘 먹을 거예요?	
4) _____?	

3. 주말여행 계획을 발표해 보세요. Present your weekend trip plans to the class.

우리는 부산으로 여행을 갈 거예요. 거기에서 수영도 하고 맛있는 음식도 먹을 거예요. 그리고 시간이 있으면 배도 탈 거예요.

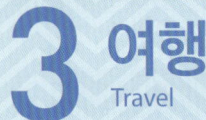

3 여행 Travel

2과 막국수는 강원도에서 많이 먹는 음식이에요
Makguksu is a food that's eaten a lot in Gangwondo

- 여행에 대해 이야기하기 Talking about travel
- 관형절로 표현하기 Expressing using adnominal clauses
- 부정 표현하기 Expressing negatives

 다음은 에릭 씨의 1박 2일 서울 여행 코스입니다. 그림을 보고 보기 와 같이 이야기해 보세요.
The following pictures are of Eric's plans on his 2 day 1 night trip to Seoul. Look at the following pictures and talk about them using the vocabulary below as shown in the example.

1박 2일 서울 여행

북촌 한옥마을 — 버스 — 남산 — 지하철 (오, 편리해요.)
(와, 멋있다!)
한옥 게스트하우스 — 택시 — 명동 — 남대문 시장

보기
오늘 북촌 한옥마을에 갔어요.
구경거리가 정말 많았어요.

어휘 Vocabulary

구경거리가 많다	경치가 아름답다
교통이 편리하다	물건 값이 싸다
맛있는 음식이 많다	방이 깨끗하다

핵심 표현 Key Expression ❶ | V-는 N

Track 31

A: Where is a place that Koreans frequently travel to?
B: Jejudo. The ocean is beautiful and there are many things to see.

A 한국 사람들이 많이 여행 가는 곳이 어디예요?
B 제주도예요. 바다가 아름답고 구경거리도 많아요.

 친구들에 대해 알고 싶은 것이 있습니까? 보기 와 같이 이야기해 보세요.
What do you want to know about your classmates? Create dialogues for the following topics as shown in the example.

보기

에밀리 씨가 자주 만나는 친구가 누구예요?

제가 자주 만나는 친구는 애니 씨예요. 고향 친구예요.

| 자주 만나는 친구 | 좋아하는 가수 / 배우 / 운동선수 | 많이 듣는 음악 | 자주 만드는 음식 |
| 자주 보는 텔레비전 프로그램 | 많이 먹는 음식 / 과자 | 자주 가는 식당 / 카페 | ? |

🔍 V-는 N

'-는' modifies a noun in conjunction with a verb. It is used to specify the nature or condition of a noun.
저기 차를 마시는 사람이 에밀리 씨예요. | 저는 옷을 잘 입는 사람을 좋아해요.

새 단어 New Vocabulary   곳 place   배우 actor   운동선수 athlete   프로그램 program   카페 cafe

3-2. 막국수는 강원도에서 많이 먹는 음식이에요 51

핵심 표현 Key Expression ❷ | A/V – 지 않다

Track 32

A 요즘 제주도 날씨가 더워요?
B 아니요, 덥지 않아요.

A: Is the weather in Jejudo hot these days?
B: No, it's not.

💬 보기 와 같이 이야기해 보세요. Create dialogues for the following situations as shown in the example.

보기

한국어 공부가 힘들다	A: 한국어 공부가 힘들어요? B: 네, 힘들어요. / 아니요, 힘들지 않아요.
집에서 요리하다	A: 집에서 요리를 해요? B: 네, 해요. / 아니요, 하지 않아요.

- 책을 많이 읽다
- 택시를 자주 타다
- 집이 멀다
- 한국어 공부가 힘들다
- 친구가 많다
- 한국 생활이 재미있다
- 집에서 요리하다
- 일찍 일어나다
- 커피를 마시다
- 늦게 자다
- 가방이 무겁다
- 텔레비전을 많이 보다
- 피곤하다
- 운동을 좋아하다
- 배고프다

🔍 **A/V – 지 않다**

'–지 않다' is used to indicate a denial of an action or condition.

A: 한국어 공부가 어려워요?
B: 아니요, 어렵지 않아요.

A: 돈을 바꿨어요?
B: 아니요, 아직 바꾸지 않았어요.

새 단어 New Vocabulary 택시 taxi 일찍 early 늦게 late 피곤하다 to be tired 아직 yet

말하기 Speaking

Track 33

Yangyang: Yuka, what did you do over the weekend?
Yuka: I went to Gangwondo.
Yangyang: Is that so? What did you do there?
Yuka: I ate Makguksu.
Yangyang: What's Makguksu?
Yuka: It's a cold noodle dish that is eaten a lot in Gangwondo.
Yangyang: Is that so? Wasn't it spicy?
Yuka: No, it was not that spicy.

양양 유카 씨, 주말에 뭐 했어요?
유카 강원도에 갔다 왔어요.
양양 그래요? 강원도에서 뭐 했어요?
유카 막국수를 먹었어요.
양양 막국수가 뭐예요?
유카 강원도에서 많이 먹는 국수예요.
양양 그래요? 맵지 않았어요?
유카 네, 별로 맵지 않았어요.

먹는 [멍는]

그림을 보고 친구와 이야기해 보세요. Create conversations for the following pictures with your partner.

1) 강원도
막국수를 먹다
강원도에서 많이 먹다
국수
맵다

2) 부산
수상 스키를 타다
물 위에서 타다
스키
무섭다

3) 진해
군항제에 가다
봄에 진해에서 하다
벚꽃 축제
사람이 많다

4) 전주
아리랑을 배우다
한국 사람들이 모두 알다
전통 노래
어렵다

새 단어 New Vocabulary 갔다 오다 to go and come back   막국수 buckwheat noodle   국수 noodles   별로 not particularly   수상 스키 water skiing   군항제 naval port festival   벚꽃 cherry blossoms   축제 festival   아리랑 folk song of Korea   전통 tradition

듣기 Listening

1. 이 사람은 누구입니까? 잘 듣고 번호를 쓰세요.
Who is the person? Listen to the conversation and write the correct number.

1) 민수 (   )   2) 진우 (   )   3) 성준 (   )

[2-3] 다음은 에바의 여행 이야기입니다. 잘 듣고 질문에 답하세요.
The following details are about Eva's trip. Listen to the narrations and answer the questions.

2. 잘 듣고 빈칸에 알맞은 대답을 쓰세요. Listen and write the correct answers in the blanks.

1) 언제 여행을 갔어요?
2) 어디로 여행을 갔어요?
3) 누구하고 같이 갔어요?

3. 잘 듣고 질문에 답하세요. Listen to the narration and answer the questions.

1) 에바는 어디에 갔어요? 순서대로 번호를 쓰세요.
Where did Eva go? Write the number according to the order of events that took place.

(1)　　( )　　( )　　( )　　( )

2) 맞으면 ○, 틀리면 ×표 하세요. If the statement is correct, write ○. If not, then write ×.

① 호텔까지 버스를 탔어요.　　(   )
② 시장에 사람이 많지 않았어요.　　(   )
③ 공원에서 친구하고 걸었어요.　　(   )

정답 | 1. 1) (⑤) 2) (①) 3) (②)　2. 1) 지난주 2) 태국 3) 동생
3. 1) (1) (4) (2) (5) (3)　2) ① (×) ② (×) ③ (○)

과제 Tasks and Activities

여러분의 여행 경험에 대해 이야기해 보세요. Talk about your travel experiences.

1. 여러분은 어디에 가 봤습니까? 가장 기억에 남는 곳은 어디입니까?
Where have you been? Where is the place that you remember the most?

2. 질문에 대한 대답을 생각해 보고 간단하게 메모해 보세요.
Think about answers to the questions and jot them down.

- 어디로 여행을 갔어요?
- 언제 갔어요?
- 누구하고 갔어요?
- 거기에서 뭘 했어요?
- 거기에서 뭘 먹었어요?
- 뭐가 좋았어요?
- _____

3. 친구와 여행 경험을 이야기해 보세요. Talk about your travel experiences with your partner.

- 어디로 여행을 갔어요?
- 누구하고 갔어요?
- 인도로 여행을 갔어요.
- 친구하고 갔어요.

3-2. 막국수는 강원도에서 많이 먹는 음식이에요

읽고 쓰기 Reading and Writing

1. 다음을 읽고 질문에 답하세요. Read the following passage and answer the questions.

파리에 와 보세요.

(가)
역사와 미술을 좋아하는 사람은 박물관에 가 보세요. 유명한 그림이 많이 있어요. 박물관 건물도 아주 멋있어요. 그 앞에서 사진을 찍어 보세요.

(나)
파리는 경치가 아주 아름다워요. 특히 강에서 보는 야경이 정말 예뻐요. 시간이 있으면 강에서 배를 꼭 타 보세요. 인터넷에서 표를 예매하면 별로 비싸지 않아요.

(다)
프랑스 요리는 세계에서 유명해요. 파리에 맛있는 식당이 많아요. 한번 가 보세요. 그리고 빵과 케이크도 꼭 한번 먹어 보세요. 예쁘고 종류도 많아요.

1) (가) ~ (다)에 들어갈 알맞은 제목을 골라 빈칸에 쓰세요.
   For (가)~(다), choose the correct subject and write it down in the blank.

   맛있는 음식   아름다운 경치   유명한 박물관

2) 이 글의 내용과 같으면 ○, 다르면 ×표 하세요.
   If the statement is the same as above, then write ○. If not, then write ×.

   ① 프랑스 박물관에는 그림이 많이 있어요.   (   )
   ② 파리는 밤에 보는 경치가 아주 아름다워요.   (   )
   ③ 프랑스 빵은 종류가 별로 많지 않아요.   (   )

2. 여러분 나라에서 유명한 곳은 어디입니까? 그곳에 가면 무엇을 할 수 있습니까? 여러분 나라의 유명한 곳을 소개하는 광고를 만들어 보세요.
Where is a famous place in your country? What can you do if you go there? Create an advertisement to introduce the place.

새 단어 New Vocabulary
미술 art   유명하다 to be famous
사진을 찍다 to take a picture   강 river
꼭 surely   인터넷 internet   세계 the world

어휘 확인 Vocabulary Check

1과 날씨가 좋으면 한라산에 갈 거예요
If the weather is nice, I'm going to go to Hallasan

- ☐ 여권을 만들다
  to apply for a passport, to get a passport
- ☐ 비행기 표를 예매하다
  to book a flight ticket
- ☐ 호텔을 예약하다
  to reserve a hotel room
- ☐ 맛집을 찾아보다
  to look for a tasty restaurant
- ☐ 돈을 바꾸다
  to exchange money
- ☐ 짐을 싸다
  to pack luggage

2과 막국수는 강원도에서 많이 먹는 음식이에요
Makguksu is a food that's eaten a lot in Gangwondo

- ☐ 구경거리가 많다
  for there to be many things to see
- ☐ 경치가 아름답다
  for the scenery to be beautiful
- ☐ 교통이 편리하다
  for transportation to be convenient
- ☐ 물건 값이 싸다
  for the price of an item to be cheap
- ☐ 맛있는 음식이 많다
  for there to be a lot of delicious food
- ☐ 방이 깨끗하다
  for a room to be clean

4 취미 / Hobbies

1과　테니스를 배우고 싶어요
I want to learn tennis

- 여가 활동 이야기하기 Talking about leisure activities
- 불가능 표현하기 Expressing impossibilities
- 희망 표현하기 Expressing desires

💬 **다음 동아리에서는 무엇을 합니까? 동아리 게시판을 보고 보기 와 같이 말해 보세요.**
What do the following activity clubs do? Look at the club bulletin board and talk about them using the vocabulary below as shown in the example.

동아리 게시판

배드민턴	야구	수영	스키	축구	등산
학생회관 112호	학생회관 120호	학생회관 211호	학생회관 222호	학생회관 107호	학생회관 203호

스케이트	테니스	탁구	농구	낚시	달리기
학생회관 305호	학생회관 311호	학생회관 401호	학생회관 411호	학생회관 413호	학생회관 501호

사진	기타	그림	피아노	춤
학생회관 503호	학생회관 506호	학생회관 601호	학생회관 605호	학생회관 610호

보기
배드민턴 동아리에서는 배드민턴을 쳐요.

새 단어 / New Vocabulary
동아리 activity club

어휘 Vocabulary

치다	하다	타다
배드민턴, 탁구, 테니스, 피아노, 기타	농구, 달리기, 수영, 야구, 축구, 낚시, 등산	스케이트, 스키
그림을 그리다	사진을 찍다	춤을 추다

58　4. 취미

핵심 표현 Key Expression ❶ | 못 V

Track 37

A 배드민턴 잘 쳐요?
B 아니요, 못 쳐요.

A: Are you good at badminton?
B: No, I can't play it.

💬 그림을 보고 보기 와 같이 이야기해 보세요.
Create dialogues for the following pictures as shown in the example.

보기

에릭 씨, 피아노를 잘 쳐요?

아니요, 못 쳐요.

잘 V	○
잘 못 V	△
못 V	×

잘하다 / 잘 못하다 / 못 하다

'잘하다'는 어떤 일을 능숙하게 함을 나타낼 때, '잘 못하다'는 그 반대로 어떤 일을 일정 수준에 못 미치게 함을 나타낼 때 사용한다. 그리고 '못 하다'는 어떤 일을 할 능력이 없음을 나타낼 때 사용한다.

'잘하다' is used to indicate a proficiency in something, and '잘 못하다' is used to indicate an inability to do something well. '못 하다' is used to indicate an inability to do something.

A: 요리를 잘해요?
B: 네, 잘해요. (○)
 / 아니요, 잘 못해요. (△)
 / 아니요, 못 해요. (×)

 피아노를 치다 · 에릭 ×

 스키를 타다

 운전을 하다

 테니스를 치다

 춤을 추다

 수영을 하다

 탁구를 치다

 노래를 하다

 자전거를 타다

 요리를 하다

🔍 못 V

'못' is used to indicate that the corresponding verb cannot be performed.

저는 피아노를 못 쳐요. | 유카 씨는 오늘 파티에 못 와요.

새 단어 / New Vocabulary: 운전하다 to drive

핵심 표현 Key Expression ❷ | V-고 싶다

Track 38

A 방학에 뭐 하고 싶어요?
B 태권도를 배우고 싶어요.

A: What do you want to do during school vacation?
B: I want to learn Taekwondo.

💬 **한국에 있는 동안 꼭 하고 싶은 것 5가지를 쓰고 보기 와 같이 이야기해 보세요.**
Write 5 things that you absolutely want to do while in Korea and then talk about them with your partner as shown in the example.

1.
2.
3.
4.
5.

보기

한국에서 뭘 하고 싶어요?

저는 부산에 가고 싶어요. 그리고 시간이 있으면 한국 요리를 배우고 싶어요.

저는 한국 회사에서 일하고 싶어요. 그래서 지금 한국어를 열심히 공부해요.

🔍 **V-고 싶다**

'-고 싶다' is used to indicate the speaker's desire or to ask someone about their desire.

부산에 여행을 가고 싶어요. | 저는 케이크를 만들고 싶어요.

말하기 Speaking

Thuy: Oliver, what do you usually do on the weekends?
Oliver: I play tennis.
Thuy: Are you good at tennis?
Oliver: Yes, I'm good.
Thuy: I can't play tennis. I want to learn it.
Oliver: Really? Then, let's play this weekend. It's not difficult.

투이   올리버 씨, 주말에 보통 뭘 해요?
올리버 저는 테니스를 쳐요.
투이   테니스를 잘 쳐요?
올리버 네, 잘 쳐요.
투이   저는 테니스를 못 쳐요. 테니스를 배우고 싶어요.
올리버 그래요? 그럼 이번 주말에 같이 쳐요. 어렵지 않아요.

그림을 보고 친구와 이야기해 보세요. Create conversations for the following pictures with your partner.

테니스를 치다 · 스키를 타다 · 수영을 하다 · 탁구를 치다
농구를 하다 · 야구를 하다 · 축구를 하다 · 스케이트를 타다

듣기 Listening

1. 잘 듣고 보기 와 같이 이 사람이 잘하는 것은 O, 못 하는 것은 X표 하세요.

Listen to the conversations and mark the things that the person does well with an O, and the things the person can't do with an X as shown in the example.

Track 40

	수영	스키	스케이트	피아노	기타	그림	프랑스어	중국어	일본어
1) 양양					보기 ○				
2) 올리버									
3) 에바									

2. 잘 듣고 이 사람이 하고 싶어 하는 것을 골라 번호를 쓰세요.

Listen to the conversations and write the number of the thing that the person wants to do.

Track 41

1) _____

2) _____

3) _____

4) _____

①  ②  ③

④  ⑤  ⑥

3. 잘 듣고 맞으면 ○, 틀리면 ×표 하세요.

Listen to the conversation and if the statement is correct, write ○. If not, then write ×.

Track 42

1) 여자는 방학에 일본에 갔어요.   (   )

2) 남자는 일본어를 잘해요.   (   )

3) 여자는 스키를 못 타요.   (   )

정답 | 1. 1) 피아노 × 2) 스키 ○, 수영X 3) 중국어 ○, 일본어 ×   2. 1) ⑤ 2) ① 3) ③ 4) ⑥   3. 1) (×) 2) (×) 3) (○)

과제 Tasks and Activities

 친구와 같이 동아리를 만들어 보세요. Form an activity club with your partner.

1. 여러분은 동아리에 가입해 본 적이 있습니까? 어떤 동아리 활동을 해 봤습니까?
Have you ever joined a club? What kind of club activities have you done?

2. 취미가 같은 사람들끼리 모여 동아리를 만들고 동아리를 광고하는 포스터를 만들어 보세요.
Get into groups of people who have the same hobby and form a club. Then, make a poster to advertise your club.

달리기 좋아해요?

네, 좋아해요.

저도요. 그럼 우리 달리기 동아리를 만들까요?

좋아요. 동아리 이름은 뭐가 좋아요?

SNU 달리기

- 모임 시간: 매주 토요일 저녁 7시
- 모임 장소: 한강 공원
- 회비: 10,000원

동아리 이름	
동아리에서 하는 일	
모임 시간	
모임 장소	
회비	

3. 여러분이 만든 동아리를 소개해 보세요. Introduce the club that your group made.

우리 동아리는 달리기 동아리예요.
우리는 같이 달리기를 해요. ……

새 단어 New Vocabulary

하는 일	the work you do
모임	meeting, gathering
장소	place
회비	membership fee

4-1. 테니스를 배우고 싶어요

2과   저는 등산하는 걸 좋아해요
I like to go hiking

- 취미 소개하기
  Introducing hobbies
- 대조 표현하기
  Expressing contrast

 그림을 보고 보기 와 같이 이야기해 보세요.
Look at the following picture and talk about how frequent you do the following activities as shown in the example.

보기

> 자전거를 자주 타요?

네, 아침에 항상 타요.   네, 자주 타요.   아니요, 가끔 타요.   아니요, 거의 안 타요.   아니요, 전혀 안 타요.

어휘 Vocabulary

100% ————————————————————— 0%

항상   자주   가끔   거의 (안)   전혀 (안)

핵심 표현 Key Expression ❶ | V-는 것

A 취미가 뭐예요?
B 제 취미는 여행하는 거예요.

A: What's your hobby?
B: My hobby is traveling.

 그림을 보고 보기 와 같이 이야기해 보세요.
Create dialogues for the following pictures as shown in the example.

보기

음악을 듣다

취미가 뭐예요?
제 취미는 음악 듣는 거예요.
저는 음악 듣는 거 좋아해요.

1)
스케이트를 타다

2)
책을 읽다

3)
노래하다

4)
영화를 보다

5)
낚시하다

6)
탁구를 치다

7)
케이크를 만들다

8)

🔍 V-는 것

'-는 것' is combined with a verb to convert it into a noun. When speaking, '-는 거' is usually used.

제 취미는 기타 치는 거예요. | 저는 사진 찍는 거 좋아해요.

4-2. 저는 등산하는 걸 좋아해요 65

핵심 표현 Key Expression ❷ | A/V – 지만

Track 44

A 여행을 자주 해요?
B 아니요, 좋아하지만 요즘 자주 못 해요.

A: Do you travel often?
B: No. I like to travel, but I can't travel often these days.

 보기와 같이 이야기해 보세요. Answer to the questions using the following words as shown in the example.

1) 지금 쓰는 핸드폰이 어때요?
2) 지금 사는 집이 어때요?
3) 한국어 공부가 어때요?
4) 떡볶이가 어때요?
5) _____ ?

싸다 편하다 예쁘다 맵다
크다 쉽다 멀다 멋있다
재미있다 어렵다 작다 맛없다
좋다 불편하다 재미없다 비싸다
맛있다 가깝다 나쁘다

A/V – 지만

'–지만' is used to describe two opposing facts or content.

언니는 영어를 잘하지만 저는 잘 못해요. | 그 식당 음식이 맛있지만 너무 비싸요.

새 단어 New Vocabulary   쓰다 to use

말하기 Speaking

Track 45

Yangyang: Emily, what is your hobby?
Emily: I like to go hiking.
Yangyang: Do you go hiking often?
Emily: No, these days I go about twice a month.
　　 I want to go more often, but I don't have time.
Yangyang: Which mountain do you like to go to?
Emily: I like going to Bukhansan.

양양	에밀리 씨는 취미가 뭐예요?
에밀리	저는 등산하는 걸 좋아해요.
양양	등산을 자주 해요?
에밀리	아니요, 요즘은 한 달에 두 번쯤 해요. 자주 하고 싶지만 시간이 없어요.
양양	에밀리 씨가 좋아하는 산이 어디예요?
에밀리	저는 북한산을 좋아해요.

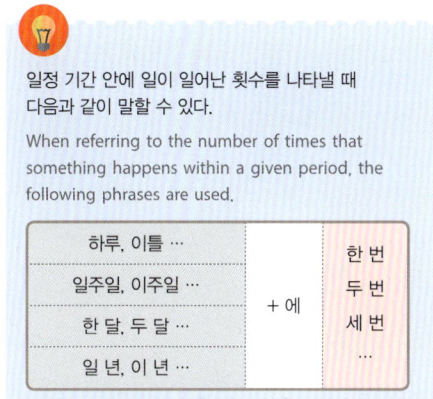

일정 기간 안에 일이 일어난 횟수를 나타낼 때 다음과 같이 말할 수 있다.

When referring to the number of times that something happens within a given period, the following phrases are used.

하루, 이틀 …		한 번
일주일, 이주일 …	+ 에	두 번
한 달, 두 달 …		세 번
일 년, 이 년 …		…

A: 운동을 매일 해요?
B: 아니요, 일주일에 두 번 해요.

💬 **그림을 보고 친구와 이야기해 보세요.** Create conversations for the following pictures with your partner.

1)
등산을 하다
산 / 어디
북한산

2)
사진을 찍다
곳 / 어디
경복궁

3)
춤을 추다
춤 / 뭐
살사

4)
영화를 보다
영화 / 뭐
해리포터

새 단어 New Vocabulary　한 달 one month　두 번 two times　북한산 Bukhansan Mountain　살사 Salsa　해리포터 Harry Potter

듣기 Listening

1. 잘 듣고 이 사람이 좋아하는 것을 골라 연결하세요.
Listen to the conversations and connect the thing that the person likes doing to the correct picture.

1) 양양   2) 로렌   3) 미아   4) 케빈

 ①  ②  ③  ④  ⑤

2. 잘 듣고 질문에 답하세요. Listen to the conversation and answer the questions.

1) 스티븐 씨는 누구입니까? 그림에서 고르세요. Who is Steven? Choose the correct picture.

 ①  ② ③  ④

2) 빈칸에 알맞은 말을 쓰세요. Write the correct answer in the blank.

호세 씨와 지우 씨의 취미는 (　　　　　) 거예요.

3. 잘 듣고 질문에 답하세요. Listen to the conversation and answer the questions.

1) 여자가 좋아하는 것을 모두 고르세요. Choose all of the things that the woman likes doing.

 ①  ②  ③  ④

2) 맞으면 ○, 틀리면 ×표 하세요. If the statement is correct, write ○. If not, then write ×.

① 여자는 작년에 고향에 갔어요. 　　　　(　)
② 남자의 취미는 그림 그리는 거예요. 　(　)
③ 여자는 혼자 여행하는 걸 안 좋아해요. (　)

새 단어 New Vocabulary　작년 last year　혼자 alone

정답 | 1. 1)-③ 2)-⑤ 3)-① 4)-④　2. 1) ④ 2) 악기하는　3. 1) ②, ①　2) ① (×) ② (○) ③ (○)

과제 Tasks and Activities

 친구와 취미에 대해 묻고 대답해 보세요. Ask and answer about hobbies with your partner.

1. 여러분은 시간이 있으면 무엇을 합니까? If you have time, what do you do?

2. 여러분의 취미에 대해 간단하게 메모해 보세요. Write a memo about your hobby.

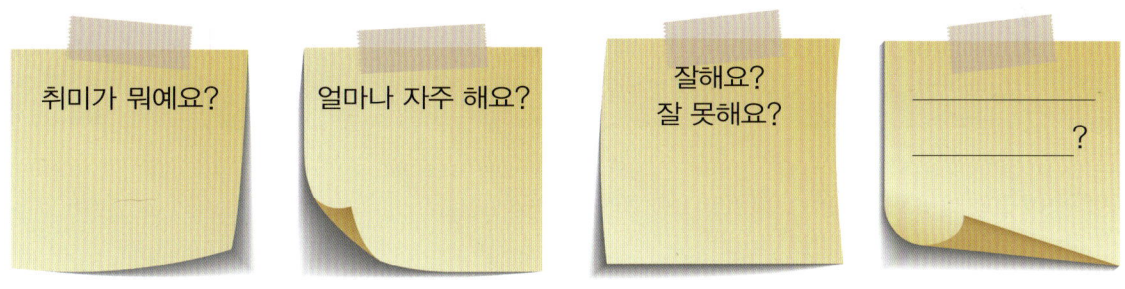

취미가 뭐예요?

얼마나 자주 해요?

잘해요?
잘 못해요?

_____
_____?

3. 친구와 서로의 취미에 대해 묻고 대답해 보세요. Ask and answer about hobbies with your partner.

취미가 뭐예요?

얼마나 자주 요리를 해요?

요리를 잘해요?

제 취미는 요리하는 거예요.

일주일에 두 번쯤 해요.

네, 잘해요. 저는 요리하는 게 재미있어요.

새 단어 New Vocabulary   얼마나 자주 how often

읽고 쓰기 Reading and Writing

1. 다음을 읽고 질문에 답하세요.
Read the following passage and answer the questions.

> 제 취미는 요리하는 거예요. 고향 음식을 먹고 싶으면 요리를 해요. 고향에서는 요리를 거의 안 했지만 한국에서는 자주 해요. 처음에는 맛이 없었지만 지금은 괜찮아요. 마트에서 요리 재료를 구경하는 것도 좋아해요. 고향에 없는 것이 많이 있어요. 요즘은 한국 요리를 배워요. 일주일에 한 번 요리 학원에 가요. 한국어로 요리를 배우는 것이 어렵지만 재미있어요. 제가 가장 잘하는 음식은 떡볶이와 불고기예요. 나중에 다른 나라 요리도 배우고 싶어요.

1) 이 사람은 뭘 좋아합니까? 모두 고르세요. What does the person like doing? Choose all that apply.

①  ②  ③  ④

2) 이 글의 내용과 같으면 ○, 다르면 ×표 하세요. If the statement is the same as above, then write ○. If not, then write ×.

① 이 사람은 고향에서 요리를 자주 했어요. ( )
② 이 사람은 지금 학원에서 요리를 가르쳐요. ( )
③ 이 사람은 떡볶이하고 불고기를 잘 만들어요. ( )

2. 여러분의 취미는 무엇입니까? 왜 그것을 좋아합니까? 여러분의 취미를 소개하는 글을 써 보세요.
What is your hobby? Why do you like it? Write about your hobby.

새 단어 New Vocabulary: 처음 beginning, first | 괜찮다 to be okay | 마트 mart, market | 재료 ingredient | 학원 academy | 나중에 later

어휘 확인 Vocabulary Check

1과 테니스를 배우고 싶어요
I want to learn tennis

- ☐ 배드민턴을 치다   to play badminton
- ☐ 탁구를 치다   to play ping-pong / table tennis
- ☐ 테니스를 치다   to play tennis
- ☐ 피아노를 치다   to play the piano
- ☐ 기타를 치다   to play the guitar
- ☐ 농구를 하다   to play basketball
- ☐ 달리기를 하다   to run
- ☐ 수영을 하다   to swim
- ☐ 야구를 하다   to play baseball
- ☐ 축구를 하다   to play soccer
- ☐ 낚시를 하다   to fish
- ☐ 등산을 하다   to hike
- ☐ 스케이트를 타다   to skate
- ☐ 스키를 타다   to ski
- ☐ 그림을 그리다   to draw a picture
- ☐ 사진을 찍다   to take a picture
- ☐ 춤을 추다   to dance

2과 저는 등산하는 걸 좋아해요
I like to go hiking

- ☐ 항상   always
- ☐ 자주   often
- ☐ 가끔   sometimes
- ☐ 거의 (안)   rarely
- ☐ 전혀 (안)   not at all

5 은행과 우체국
Bank and Post Office

1과 통장을 만들고 싶은데요
I want to open an account

- 은행 이용하기 / Using the bank
- 요청하기 / Requesting

💬 **여기는 은행입니다. 이 사람들은 지금 무엇을 합니까? 그림을 보고 보기 와 같이 말해 보세요.**
This is a bank. What are the people doing? Look at the pictures and talk about them using the vocabulary below as shown in the example.

보기
통장을 만들어요.

어휘 Vocabulary

통장을 만들다   체크 카드를 신청하다   서명하다 / 사인하다

돈을 바꾸다 / 환전하다   돈을 보내다 / 송금하다   돈을 넣다 / 입금하다   돈을 찾다 / 출금하다

핵심 표현 Key Expression ❶ | A-(으)ㄴ데요, V-는데요, N인데요

A 어서 오세요. 뭘 도와드릴까요?
B 환전을 하고 싶은데요.

A: Welcome. What can I do for you?
B: I want to exchange currency.

 보기와 같이 상황에 맞게 이야기해 보세요. Create dialogues for the following situations as shown in the example.

보기

옷을 바꾸다
영수증

뭘 도와드릴까요?
옷을 바꾸고 싶은데요.
아, 네. 영수증이 있으세요?
아니요, 없는데요.

1)
환전하다
외국인 등록증

2)
학생증을 만들다
사진

3)
책을 빌리다
학생증

4)
외국인 등록증을 만들다
사진

A-(으)ㄴ데요, V-는데요, N인데요

'-(으)ㄴ데요', '-는데요', '인데요' are used to convey a certain fact and expect a reaction from the listener.

A: 옷이 좀 큰데요.
B: 그럼 작은 거로 드릴까요?

A: 지금 집에 있어요?
B: 아니요, 도서관에 있는데요.

새 단어 New Vocabulary   영수증 receipt   외국인 등록증 alien registration card   학생증 student card   빌리다 to borrow

핵심 표현 Key Expression ❷ | V-아/어 주세요

A 얼마를 바꾸실 거예요?
B 삼백 달러를 한국 돈으로 바꿔 주세요.

A: How much are you going to exchange?
B: Please exchange $300 into Korean currency.

💬 친구들과 가위바위보를 하고 보기 와 같이 'V-아/어 주세요'를 사용해서 부탁을 해 보세요.
Do rock paper scissors with your partners. The person who wins makes a request using 'V-아/어 주세요' as shown in the example.

보기

창문을 열다 — 팅팅 씨, 창문을 열어 주세요.

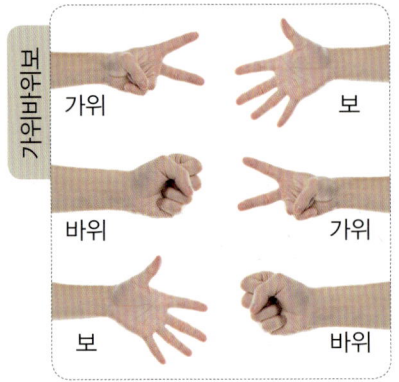

가위바위보

 그림을 그리다
 노래하다
 에어컨을 켜다

 춤을 추다
 사진을 찍다
문을 닫다

 커피를 사다
 숙제를 돕다
?

💡 **돕다**
'돕다'는 '아/어'로 시작하는 어미와 결합하는 경우 받침 'ㅂ'이 '오'로 바뀌어 '도와'가 된다.
When '돕다' is combined with a verb ending that starts with '-아/어', the 'ㅂ' ending consonant is replaced with '오' to become '도와'.
예) 도와요
   도왔어요
   도와주세요

🔍 **V-아/어 주세요**

'-아/어 주세요' is used when seeking assistance or making a polite request.
너무 추워요. 창문을 좀 닫아 주세요. | 죄송하지만 사진 좀 찍어 주세요.

새 단어 New Vocabulary | 달러 dollar 가위바위보 rock-paper-scissors 켜다 to turn on 문 door 돕다 to help

말하기 Speaking

Employee : Welcome. How can I help you?
Kevin: I want to open an account.
Employee : Do you have your passport?
Kevin: Yes, it's right here.
Employee : Okay then, please fill out this application form. Then, please sign your name here.
Kevin: Sure. I got it.

직원 어서 오세요. 뭘 도와드릴까요?
케빈 통장을 만들고 싶은데요.
직원 여권 있으세요?
케빈 네, 여기 있어요.
직원 그럼 이 신청서를 써 주세요. 그리고 여기에 서명을 해 주세요.
케빈 네, 알겠습니다.

친구와 이야기해 보세요. Create conversations using the following words with your partner.

1)
| 통장을 만들다 |
| 여권 |
| 서명을 하다 |

2)
| 체크 카드를 신청하다 |
| 통장 |
| 사인을 하다 |

3)
| 돈을 보내다 |
| 신분증 |
| 서명을 하다 |

4)
| 인터넷 뱅킹을 신청하다 |
| 외국인 등록증 |
| 성함을 쓰다 |

새 단어 New Vocabulary 신청서 application form   알겠습니다 all right, I got it   신분증 ID card   인터넷 뱅킹 online banking

듣기 Listening

1. 다쿠야 씨가 병원에 있습니다. 잘 듣고 맞는 사람을 찾아 번호를 쓰세요.
Takuya is at the hospital. Listen to the conversations and write the correct number for each person.

1) 양양 (   )   2) 팅팅 (   )   3) 투이 (   )   4) 민준 (   )

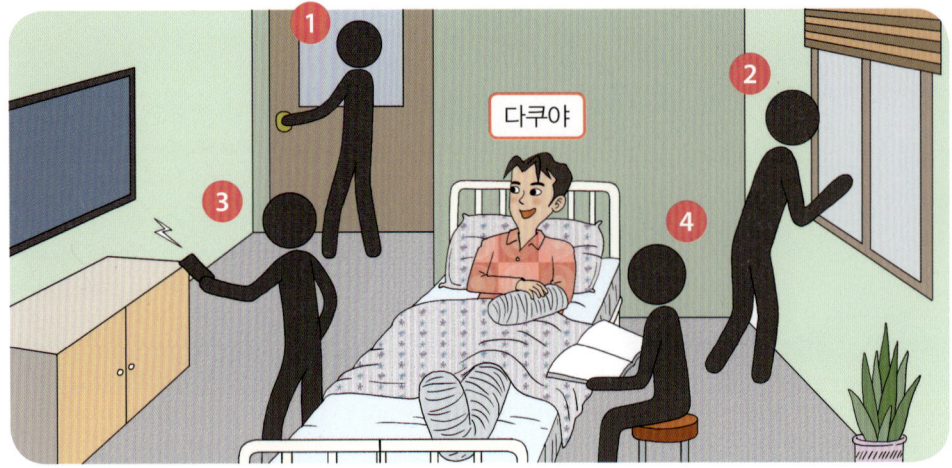

2. 잘 듣고 질문에 답하세요. Listen to the conversation and answer the questions.

1) 남자는 은행에서 뭘 해요? What is the man doing at the bank?

　① 돈을 보내요.
　② 통장을 만들어요.
　③ 체크 카드를 신청해요.

2) 남자는 지금 뭘 가지고 있어요? 모두 고르세요. What does the man have at the moment? Choose all that apply.

① 　　② 　　③

3. 잘 듣고 맞으면 ○, 틀리면 ×표 하세요.
Listen to the conversation and if the statement is correct, write ○. If not, then write ×.

1) 두 사람은 지금 은행에 있어요.　　　　　　　　(　　)

2) 여자는 인터넷 환전을 할 거예요.　　　　　　　(　　)

정답 | 1. 1) ② 2) ③ 3) ① 4) ④　2. 1) ③ 2) ①, ②　3. 1) (×) 2) (○)

과제 Task and Activities

 친구와 주사위 게임을 해 보세요. 먼저 들어오는 사람이 이기는 게임입니다.
Play a dice game with your partner. The person who finishes first wins the game.

게임판 → p. 146

게임 규칙 Rules of the Game

❶ 3-4명이 모여서 주사위를 던질 순서를 정합니다.
Form groups of 3–4 people and determine the playing order.

❷ 첫 번째 사람이 주사위를 던져서 나온 수만큼 말을 옮기고 해당 칸에 쓰여 있는 내용을 수행하세요.
The first person tosses the dice and moves the piece corresponding with the number that was rolled. Then, follow the instructions in the space landed on.

> 자기소개를 해 보세요.

> 안녕하세요? 저는 올리버예요. 영국에서 왔어요. 제 취미는 테니스 치는 거예요.

 내용을 올바르게 수행하지 못하면 원래 있었던 자리로 돌아가야 합니다.
If the person can't do exactly what the instructions state, then that person has to go back to their previous space.

 "한 번 쉬세요"가 나오면 한 차례 쉬고 그다음 사람이 주사위를 던집니다.
If a person lands on "한 번 쉬세요", then that person has to wait a turn and the next person rolls the dice.

 ⭐ 그림이 있는 곳에서는 'V-아/어 주세요'를 사용해서 친구에게 부탁하고 싶은 것을 이야기합니다. 부탁을 받은 사람은 그대로 해야 합니다.
Spaces with a picture on it means that the person has to use 'V-아/어 주세요' to make a request of their choice to someone. The person who received the request has to do exactly what was requested.

> ⭐ 친구에게 'V-아/어 주세요'로 말해 보세요.

> 미나 씨, 사진 좀 찍어 주세요.

❸ 순서대로 돌아가며 ❷와 같이 합니다. 먼저 도착한 사람이 이깁니다.
Going in order of who is next, continue with step 2. The person who lands on the finish line first, wins.

5-1. 통장을 만들고 싶은데요

5 은행과 우체국
Bank and Post Office

2과 소포를 부치러 왔어요
I came to mail a package

- 우체국 이용하기
  Using the post office
- 이동 목적 표현하기
  Expressing purpose of movement

💬 **여기는 우체국입니다. 그림을 보고 보기 와 같이 이야기해 보세요.**
This is a post office. Look at the following pictures and talk about them using the vocabulary below as shown in the example.

어휘 Vocabulary

편지   엽서   소포   상자   우표   봉투

넣다   보내다   부치다   붙이다   포장하다

보기

A: 이거는 뭐예요?
B: 편지예요.

A: 이 사람은 지금 뭐 해요?
B: 편지를 봉투에 넣어요.

핵심 표현 Key Expression ❶ | V-(으)러 가다/오다

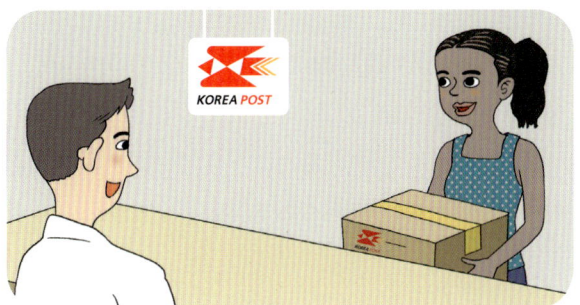

A 어떻게 오셨어요?
B 소포를 부치러 왔어요.

A: What brings you here?
B: I came to mail a package.

Track 55

 그림을 보고 보기 와 같이 이야기해 보세요.
Create dialogues for the following pictures as shown in the example.

보기
어디에 가세요?
은행에 돈을 찾으러 가요.

어떻게 오셨어요?
병원, 은행, 우체국 등에서 방문 목적을 물어볼 때 사용한다.
It is used to ask the reason for visiting a hospital, bank, post office, etc.
A: 어떻게 오셨어요?
B: 돈을 바꾸러 왔어요.

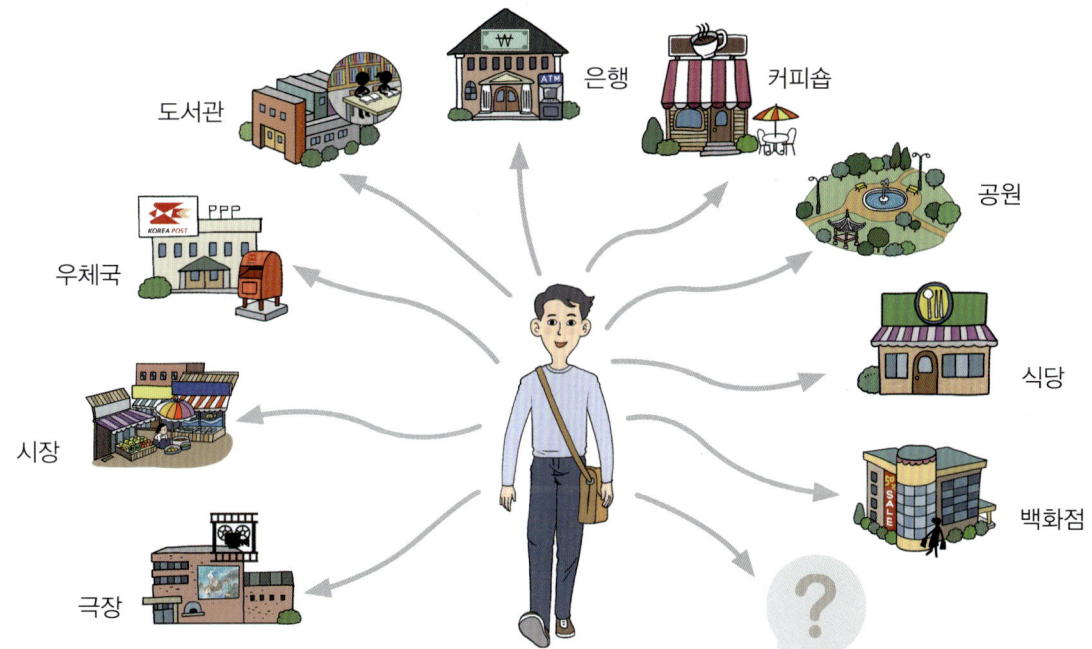

🔍 V-(으)러 가다/오다

'-(으)러 가다/오다' is used to indicate the purpose of movement.
시장에 옷을 사러 가요. | 책을 읽으러 도서관에 갈 거예요.

핵심 표현 Key Expression ❷ | N(으)로

Track 56

A 비행기로 보내면 얼마예요?
B 삼만 원이에요.

A: How much is it if I send it by plane?
B: It's 30,000 won.

💬 그림을 보고 보기 와 같이 이야기해 보세요. Create dialogues for the following pictures as shown in the example.

보기
오늘 어디에 가요? / 시장에 가요.
거기에 어떻게 가요? / 버스로 가요.
버스 지하철 택시 ?

1) 무슨 드라마를 좋아해요?
   그 드라마를 어떻게 봐요?
   휴대폰 노트북 텔레비전 ?

2) 누구하고 자주 연락해요?
   그 사람하고 어떻게 연락해요?
   전화 문자 이메일 ?

3) 어디에 여행을 가고 싶어요?
   거기에 어떻게 가고 싶어요?
   기차 비행기 배 ?

4) _____?

🔍 **N(으)로**

'(으)로' is used to indicate a method of action or means.
휴대 전화로 사진을 찍었어요. | 인터넷으로 호텔을 예약했어요.

새 단어 New Vocabulary 연락하다 to contact someone   문자 message

80 5. 은행과 우체국

말하기 Speaking

Track 57

Employee: What brings you here?
Eva: I came to mail a package.
Employee: What's inside of it?
Eva: There are clothes.
Employee: Where are you sending it?
Eva: I'm sending it to France. How much is it if I send it by plane?
Employee: It's 41,000 won. It'll take about a week.
Eva: Then, send it by plane please.

직원 어떻게 오셨어요?
에바 소포를 부치러 왔는데요.
직원 안에 뭐가 있어요?
에바 옷이 있어요.
직원 어디로 보내실 거예요?
에바 프랑스로 보낼 거예요. 비행기로 보내면 얼마예요?
직원 사만천 원이에요. 일주일쯤 걸려요.
에바 그럼 비행기로 보내 주세요.

💬 **그림을 보고 친구와 이야기해 보세요.** Create conversations for the following pictures with your partner.

비행기					배			
일본 중국	태국 베트남 몽골	미국 러시아 프랑스	브라질 멕시코 케냐		일본 중국	태국 베트남 몽골	미국 러시아 프랑스	브라질 멕시코 케냐
22,000원	35,000원	41,000원	52,000원		10,000원	12,000원	15,000원	18,000원
3일		1주일			한 달		두 달	

새 단어 New Vocabulary 일주일 one week   걸리다 to take time   몽골 Mongolia   멕시코 Mexico   케냐 Kenya

듣기 Listening

1. 잘 듣고 알맞은 장소와 연결하세요. Listen to the conversations and connect the person to the correct place.

1) 유카
2) 지우
3) 투이
4) 미아

① ② ③ ④ ⑤

2. 잘 듣고 빈칸에 알맞은 말을 쓰세요. Listen to the conversation and write the correct answers in the blanks.

1) 소포를 _____ 에 보낼 거예요.

2) 소포 안에 _____ 하고 _____ 이/가 있어요.

3) 소포를 보내는 요금은 _____ 원이에요.

4) 배로 보내면 _____ 쯤 걸려요.

3. 잘 듣고 맞으면 ○, 틀리면 ×표 하세요.

Listen to the conversation and if the statement is correct, write ○. If not, then write ×.

1) 여자는 지금 외국인 등록증을 신청하러 가요.   (   )

2) 남자는 오늘 아딜라 씨 생일 파티에 못 가요.   (   )

3) 두 사람은 오후에 생일 선물을 사러 갈 거예요.   (   )

새 단어 New Vocabulary | 요금 fare

정답 | 1. 1)-③ 2)-⑤ 3)-① 4)-②   2. 1)베트남 2)책, 옷 3)21,000 4)한 달   3. 1)(○) 2)(×) 3)(○)

82 5. 은행과 우체국

과제 Tasks and Activities

 여러분이 자주 가는 장소를 설명하고 맞혀 보세요.
Explain a place that you often go to and your partner will guess where it is.

1. 여러분이 자주 가는 곳은 어디입니까? 거기에 무엇을 하러 갑니까?
Where do you often go? Why do you go there?

2. 장소 카드를 받으세요. 보기 와 같이 먼저 A가 설명을 하고 B는 A가 설명하는 장소를 맞혀 보세요. 끝나면 A와 B가 바꿔서 같은 방식으로 해 보세요.
Receive cards of places. As shown in the example, first, A explains a place and B guesses where the place is. When you're finished, change roles and try again.

장소 카드
➔ p. 147

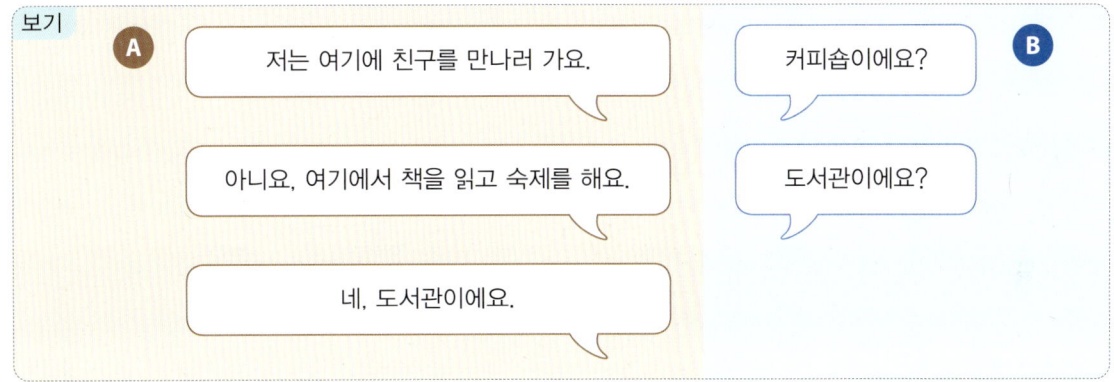

보기
A: 저는 여기에 친구를 만나러 가요.
B: 커피숍이에요?
A: 아니요, 여기에서 책을 읽고 숙제를 해요.
B: 도서관이에요?
A: 네, 도서관이에요.

3. 빈 카드에 자기가 자주 가는 곳의 이름을 쓰세요. 그리고 보기 와 같이 설명하고 맞혀 보세요.
In the blank space, write the name of a place that you often go to. Then, explain the place and your partner will guess where it is as shown in the example.

보기
저는 고향 음식이 먹고 싶으면 여기에 가요.
여기에는 시장하고 큰 쇼핑몰도 있어요.
사람들이 옷하고 신발을 사러 많이 와요.
여기는 어디예요?

동대문이에요?

네, 동대문이에요.

읽고 쓰기 Reading and Writing

1. 다음 엽서를 읽고 내용과 같으면 ○, 다르면 ×표 하세요.
Read the following postcard and if the statement is the same, write ○. If not, then write ×.

> 지우 씨,
> 안녕하세요?
> 지금 저는 중국 베이징에 있어요. 여행하러 왔어요.
> 여기는 경치도 아름답고 맛있는 음식도 정말 많아요.
> 오늘은 베이징 동물원에 갔어요. 거기에서 휴대폰으로
> 귀여운 판다 사진을 많이 찍었어요.
> 내일은 자금성에 갈 거예요.
> 저는 26일에 한국에 가요. 서울에 가면 만나요.
> 안녕히 계세요.
>   로렌
>
> 이지우
> 서울시 관악구 관악로 1
> 101동 302호

1) 지우 씨가 중국에서 엽서를 보냈어요.   (   )
2) 로렌 씨는 동물원에서 사진을 많이 찍었어요.   (   )

2. 여러분은 누구에게 엽서를 보내고 싶습니까? 친구나 가족에게 엽서를 써 보세요.
Who do you want to send a postcard to? Write a postcard to a friend or family member.

새 단어 New Vocabulary: 베이징 Beijing 동물원 zoo 판다 panda 자금성 Forbidden City

정답 | 1.1) (○) 2) (×)

어휘 확인 Vocabulary Check

1과 통장을 만들고 싶은데요
I want to open an account

- ☐ 통장을 만들다   to open an account
- ☐ 체크 카드를 신청하다   to apply for a debit card
- ☐ 서명하다 / 사인하다   to sign one's name
- ☐ 돈을 바꾸다 / 환전하다   to exchange money
- ☐ 돈을 보내다 / 송금하다   to send money
- ☐ 돈을 넣다 / 입금하다   to deposit money
- ☐ 돈을 찾다 / 출금하다   to withdraw money

2과 소포를 부치러 왔어요
I came to mail a package

- ☐ 편지   letter
- ☐ 엽서   postcard
- ☐ 소포   package
- ☐ 상자   box
- ☐ 우표   stamp
- ☐ 봉투   envelope
- ☐ 넣다   to put in
- ☐ 보내다   to send
- ☐ 부치다   to mail
- ☐ 붙이다   to attach
- ☐ 포장하다   to package, to wrap

6 교통 Transportation

1과   청계천에 어떻게 가야 돼요?
How do I get to Cheonggyecheon?

- 교통편 말하기 Talking about transportation
- 의무 표현하기 Expressing obligation

💬 이 사람들은 무엇을 하고 있습니까? 그림을 보고 보기 와 같이 말해 보세요.
What are the people doing? Look at the pictures and make sentences using the vocabulary below as shown in the example.

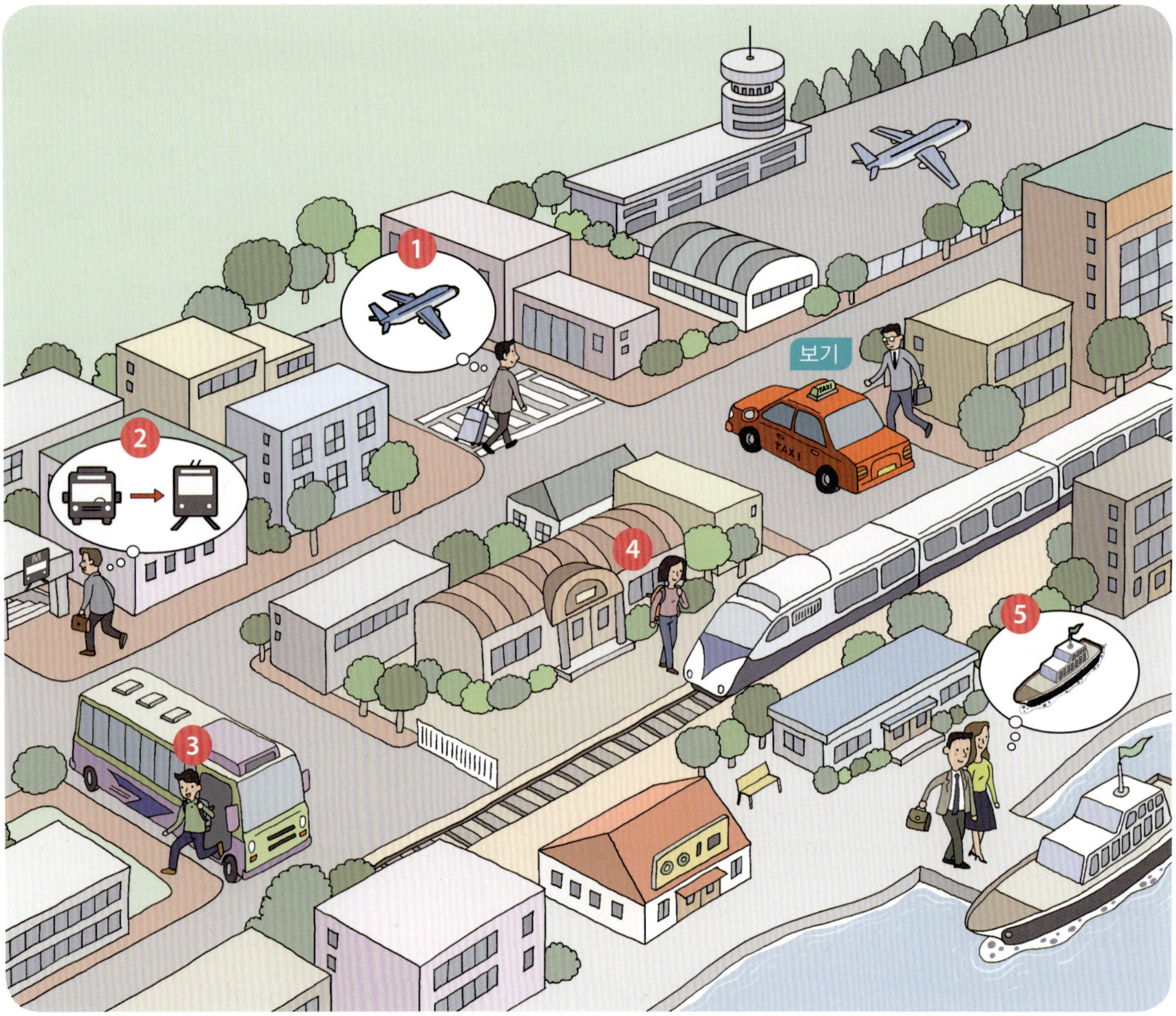

보기

택시를 타요.

어휘 Vocabulary

버스   지하철   택시   기차   비행기   배

타다   갈아타다   내리다   걸어서 가다

핵심 표현 Key Expression ❶ | '르' 불규칙

Track 61

A 인사동에 어떻게 가요?
B 지하철을 타세요. 퇴근 시간에는 지하철이 더 빨라요.

A: How can I get to Insadong?
B: Take the subway. The subway is much faster during rush hour.

그림을 보고 보기 와 같이 이야기해 보세요. Create dialogues for the following pictures as shown in the example.

'르' 불규칙

When the stem of a verb or adjective that ends in '르' is followed by a sentence ending of '아/어', the 'ㅡ' is dropped and 'ㄹ' is added.

지하철을 타는 게 더 빨라요.　　　｜　에밀리 씨는 노래를 잘 불러요.

새 단어
New Vocabulary
인사동 Insadong　　퇴근 시간 the time you get off work　　빠르다 to be fast　　자르다 to cut　　노래를 부르다 to sing
전화번호 telephone number　　모르다 to not know　　성격 personality　　비슷하다 to be similar　　배부르다 to be full

6-1. 청계천에 어떻게 가야 돼요? **87**

핵심 표현 Key Expression ❷ | V-아야/어야 되다

A 교대역에서 몇 호선을 타야 돼요?
B 3호선을 타야 돼요.

A: Which line do I have to take at Seoul National University of Education station?
B: You have to take line 3.

💬 **보기** 와 같이 다음 상황에서 해야 할 일을 친구와 이야기해 보세요.
Talk with your partner about what the people have to do in the following situations as shown in the example.

보기

외국으로 여행을 가요. 뭘 준비해야 돼요?

먼저 여권을 만들어야 돼요.

1. 외국으로 여행을 가요. 뭘 준비해야 돼요?

• 여권을 만들어야 돼요.
•
•
•

2. 오늘 집에서 파티를 해요. 뭘 준비해야 돼요?

•
•
•
•

3. 다음 주에 면접을 봐요. 뭘 준비해야 돼요?

•
•
•
•

🔍 **V-아야/어야 되다**

'-아야/어야 되다' is used to indicate an obligation or necessity for an action.

수업이 끝나고 아르바이트하러 가야 돼요. | 다음 주까지 여권을 만들어야 돼요.

새 단어 New Vocabulary 교대역 Seoul National University of Education station   호선 line number   외국 foreign country
면접을 보다 to have an interview

말하기 Speaking

 Track 63

Kevin: How do I get to Cheonggyecheon?
Yuka: Take the subway. It's faster during evening rush hour.
Kevin: Which line do I have to take?
Yuka: Get on line 2 at Seoul National University station. Then, transfer to line 5 at Yeongdeungpo-gu office station.
Kevin: Where do I get off?
Yuka: You have to get off at Gwanghwamun station.

케빈 **청계천**에 어떻게 가야 돼요?
유카 지하철을 타세요. 퇴근 시간에는 지하철이 더 빨라요.
케빈 몇 호선을 타야 돼요?
유카 서울대입구역에서 2호선을 타세요. 그리고 **영등포구청역에서 5호선으로 갈아타세요**.
케빈 어디에서 내려요?
유카 **광화문역**에서 내려야 돼요.

> **N에서 N(으)로 갈아타다**
> '(으)로 갈아타다'는 타고 가던 것에서 다른 것으로 바꿔 타는 것을 말할 때 사용한다. '에서'와 함께 써서 갈아타는 장소를 나타낼 수 있다.
> '(으)로 갈아타다' is used to refer to transferring from one ride to another. You can indicate the transfer place by saying the location plus '에서'.
> A: 어디에서 갈아타요?
> B: 서울대입구역에서 5511번 버스로 갈아타세요.

💬 **그림을 보고 친구와 이야기해 보세요.** Create conversations for the following pictures with your partner.

1) 청계천
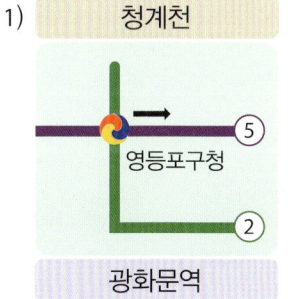
광화문역

2) 대학로
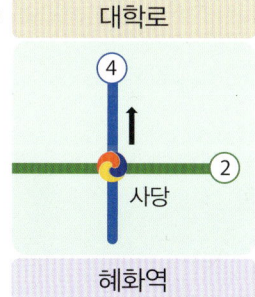
혜화역

3) 노량진 수산시장

노량진역

4) 예술의전당
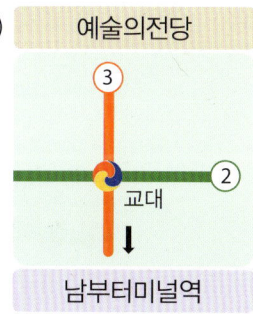
남부터미널역

새 단어
New Vocabulary

청계천 Cheonggyecheon Stream   서울대입구역 Seoul National University station
영등포구청역 Yeongdeungpo-gu office station   광화문역 Gwanghwamun station   대학로 Daehangno street
사당역 Sadang station   혜화역 Hyehwa station   노량진 수산시장 Noryangjin Fish Market
신도림역 Sindolim station   노량진역 Noryangjin station   예술의전당 Seoul Arts Center
남부터미널역 Nambu Bus Terminal station

듣기 Listening

1. 이 사람은 뭘 해야 됩니까? 알맞은 것을 골라 번호를 쓰세요.
What does the person have to do? Write the correct number in the blank.

Track 64

1)  민준 _____
2) 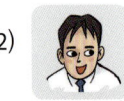 다쿠야 _____
3)  에밀리 _____
4)  로렌 _____

① 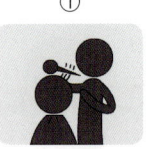 ②  ③
④ ⑤ ⑥

2. 잘 듣고 다음 장소가 어느 역에 있는지 이름을 쓰세요.
Listen to the conversations and write the name of the subway station where the place is located.

Track 65

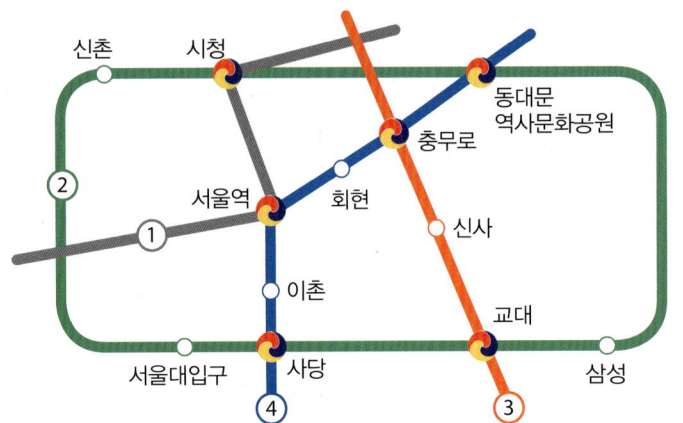

1) 백화점: _____ 역

2) 유카 씨 집: _____ 역

3) 시장: _____ 역

4) 박물관: _____ 역

3. 잘 듣고 질문에 답하세요. Listen to the conversation and answer the questions.

1) 남자는 N서울타워까지 어떻게 갔어요? 모두 고르세요. How did the man get to N Seoul Tower? Choose all that apply.

①  ②  ③  ④  ⑤

2) 맞으면 ○, 틀리면 ×표 하세요. If the statement is correct, write ○. If not, then write ×.

① 두 사람은 어제 같이 N서울타워에 갔어요. (   )
② 케이블카를 타고 싶으면 명동역에서 내려야 돼요. (   )

새 단어 New Vocabulary N서울타워 N Seoul Tower   케이블카 cable car

정답 | 1. 1)④ 2)② 3)⑤ 4)① 2. 1)시청 2)이촌 3)동대문 4)회현 3. 1)①, ④, ⑤ 2)①(×) ②(○)

과제 Tasks and Activities

서울의 명소까지 가는 방법을 이야기해 보세요. Talk about how to get to Seoul's attractions.

1. 여러분은 다음 중 어디에 가 봤습니까? 어디에 가 보고 싶습니까?
Which of the following places have you been? Where do you want to go?

인사동	동대문 시장	경복궁	국립중앙박물관	홍대거리
신사동 가로수길	대학로	서울대공원	롯데월드	청계천

2. 여러분은 지금 서울대입구역에 있습니다. 어디에 가고 싶은지, 그곳에 어떻게 가야 되는지 보기 와 같이 친구와 이야기해 보세요. You are at Seoul National University station right now. Talk with your partner about where you want to go and how to get there as shown in the example.

활동지 p. 148

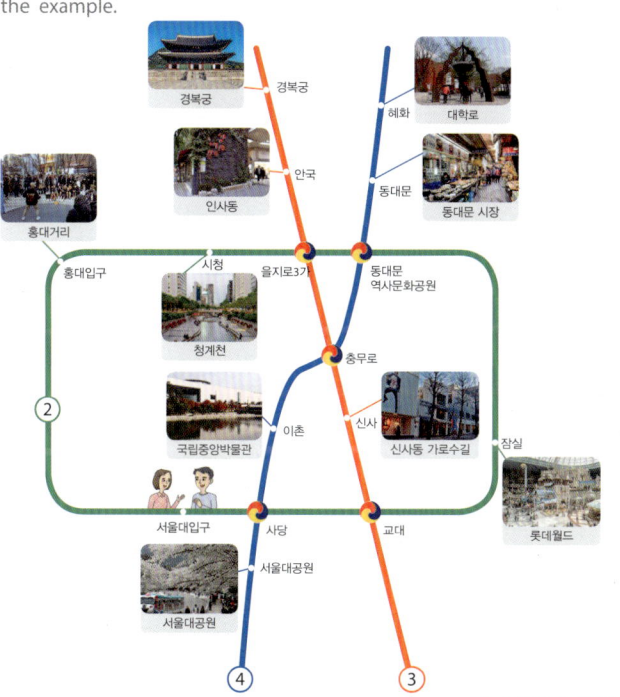

보기

우리 어디에 갈까요?

인사동에 가요.

인사동에 어떻게 가요?

서울대입구역에서 지하철을 타고 교대역에서 3호선으로 갈아타야 돼요. 그리고 안국역에서 내려야 돼요.

3. 위에서 이야기한 것을 발표해 보세요.
Present to the class what you talked about.

우리는 인사동에 갈 거예요. 먼저 서울대입구역에서 지하철 2호선을 타야 돼요. ……

6 교통
Transportation

2과 횡단보도를 건너서 오른쪽으로 가세요
Cross the crosswalk and turn right

- 길 설명하기 Explaining directions
- 소요 시간 말하기 Talking about the time required

💬 **이 사람들은 무엇을 합니까? 그림을 보고 보기 와 같이 말해 보세요.**
What are the people doing? Look at the pictures and make sentences using the vocabulary below as shown in the example.

보기

횡단보도를 건너요.

어휘 Vocabulary

사거리 횡단보도 지하도 출구

건너다 나가다
쭉 가다 왼쪽으로 가다 오른쪽으로 가다

핵심 표현 Key Expression ❶ | V-아서/어서

A 이 근처에 지하철역이 있어요?
B 네. 횡단보도를 건너서 오른쪽으로 가세요.

A: Is there a subway station nearby?
B: Yes, cross the crosswalk and turn right.

 '-아서/어서'를 사용해서 보기 와 같이 이야기해 보세요.
Interview your classmates using '-아서/어서' as shown in the example.

보기		
어제 뭐 했어요?		친구를 만나서 점심을 먹고 영화를 봤어요.

	질문	친구 1 (이름:)	친구 2 (이름:)
1	어제 뭐 했어요?		
2	아침에 일어나서 뭐 했어요?		
3	학교에 와서 뭐 했어요?		
4	보통 저녁을 요리해서 먹어요? 사서 먹어요?		
5	보통 집에 가서 뭐 해요?		
6	주말에 뭐 할 거예요?		

🔍 V-아서/어서

'-아서/어서' is used to indicate preceding and subsequent event take place in a continuous fashion. It means to perform one action and to carry out another action related to it.

어제 친구를 만나서 차를 마셨어요. | 케이크를 만들어서 동생하고 먹었어요.

핵심 표현 Key Expression ❷ | N에서 N까지

A 여기에서 지하철역까지 얼마나 걸려요?
B 오 분쯤 걸려요.

A: How long does it take to get to the subway station from here?
B: It takes about 5 minutes.

그림을 보고 보기 와 같이 이야기해 보세요. Create dialogues for the following pictures as shown in the example.

N에서 N까지

'N에서 N까지' is used to indicate the beginning and end of the spatial movement. '에서' indicates the starting point and '까지' indicates the destination. Each can be used independently.

A: 집에서 학교까지 어떻게 가요?
B: 걸어서 가요.

A: 서울에서 제주도까지 얼마나 걸려요?
B: 비행기로 한 시간쯤 걸려요.

새 단어 New Vocabulary 얼마나 how much, how long   시간 hour   한강 Hangang River

말하기 Speaking

Track 69

Emily: Excuse me but is there a department store nearby?
Man: Yes, there is.
Emily: How long does it take from here to the department store?
Man: It takes about 5 minutes. It's close by.
Emily: How do I get there?
Man: Go straight this way. Then, cross the crosswalk and turn right. Go about 50 meters and you'll see it.
Emily: Got it. Thank you.

에밀리	실례지만 이 근처에 백화점이 있어요?
아저씨	네, 있어요.
에밀리	여기에서 백화점까지 얼마나 걸려요?
아저씨	오 분쯤 걸려요. 가까워요.
에밀리	거기까지 어떻게 가요?
아저씨	이쪽으로 쭉 가세요. 그리고 횡단보도를 건너서 오른쪽으로 가세요. 오십 미터쯤 가면 백화점이 있어요.
에밀리	네, 감사합니다.

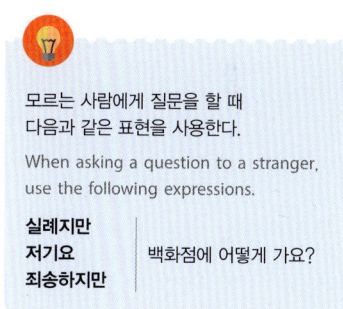

모르는 사람에게 질문을 할 때 다음과 같은 표현을 사용한다.
When asking a question to a stranger, use the following expressions.

실례지만
저기요   백화점에 어떻게 가요?
죄송하지만

💬 **그림을 보고 친구와 이야기해 보세요.** Create conversations for the following places with your partner.

1) 백화점
5분
횡단보도를 건너다
/ 오른쪽으로 가다
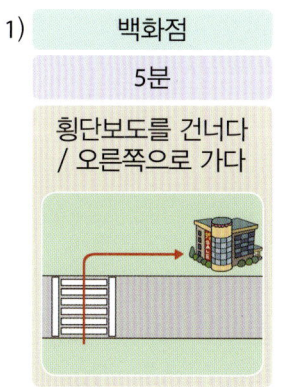

2) 서울병원
5분
2번 출구로 나가다
/ 왼쪽으로 가다

3) 한국컴퓨터
10분
지하도를 건너다
/ 오른쪽으로 가다
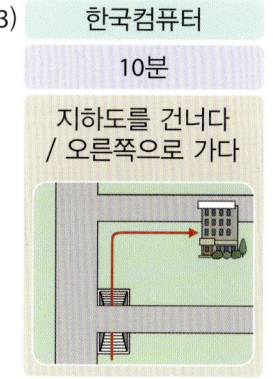

4) 우체국
10분
사거리를 지나다
/ 왼쪽으로 가다
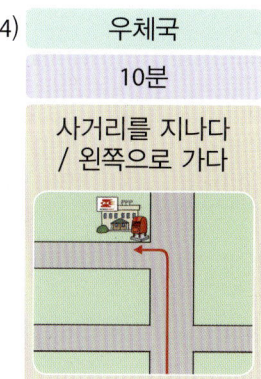

새 단어 New Vocabulary 실례지만 excuse me but   미터 meter   지나다 to pass

듣기 Listening

1. 양양 씨는 오늘 무엇을 했습니까? 잘 듣고 순서에 맞게 번호를 쓰세요.
What did Yangyang do today? Listen to the narration and write the numbers in the correct order.

(1) → ( ) → ( ) → ( ) → ( ) → ( )

2. 잘 듣고 연결하세요. Listen to the conversations and connect the place with its location and distance.

1) 우체국 • • ① • • ⓐ 5분

2) 서울시장 • • ② • • ⓑ 7분

3) 서점 • • ③ • • ⓒ 10분

3. 잘 듣고 질문에 답하세요. Listen to the conversation and answer the questions.

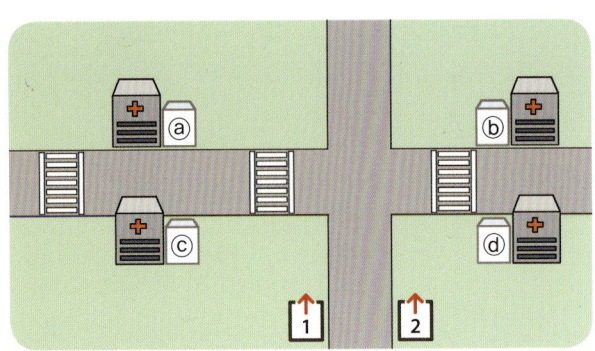

1) ⓐ~ⓓ 중에서 팅팅 씨 집이 어디예요? 맞는 것을 고르세요.
Of the places ⓐ~ⓓ, which one is Tingting's house? Choose the correct answer.

2) 맞는 것을 고르세요. Choose the correct answer.
① 남자는 내일 중국 식당에 갈 거예요.
② 지하철역에서 팅팅 씨 집까지 10분 걸려요.
③ 두 사람은 내일 지하철역에서 만날 거예요.

정답 1.(1)→(3)→(5)→(2)→(6)→(4) 2. 1)-ⓐ 2)-ⓒ 3)-ⓑ 3. 1) ⓑ 2) ②

96 6. 교통

과제 Tasks and Activities

 길을 묻고 대답해 보세요. Ask and answer about directions.

학생 A
학생 B ⊙ p. 149

1. 여러분은 길을 물어본 적이 있습니까? 혹은 길을 안내해 준 적이 있습니까?
   Have you ever asked for directions or guided someone somewhere?

2. 여러분은 지금 지하철역 안에 있습니다. 다음 장소에 어떻게 가는지 보기 와 같이 친구에게 물어보세요. 친구의 대답을 듣고 알맞은 위치를 아래의 지도에 표시하세요.
   You are now in a subway station. Ask your partner how to get to the following places as shown in the example. Listen to their response and mark the appropriate location on the map.

   서점   꽃집   스포츠센터

   보기
   죄송하지만 근처에 약국이 어디에 있어요?
   1번 출구로 나가서 횡단보도를 건너세요. 그리고 오른쪽으로 가면 병원 옆에 있어요.

3. 위의 지도를 보고 친구의 질문에 대답하세요.
   Look at the map above and answer your partner's question.

새 단어 New Vocabulary 꽃집 floral shop   스포츠센터 sports center   약국 pharmacy   빵집 bakery   미술관 art museum

읽고 쓰기 Reading and Writing

1. 다음을 읽고 질문에 답하세요. Read the following contents and answer the questions.

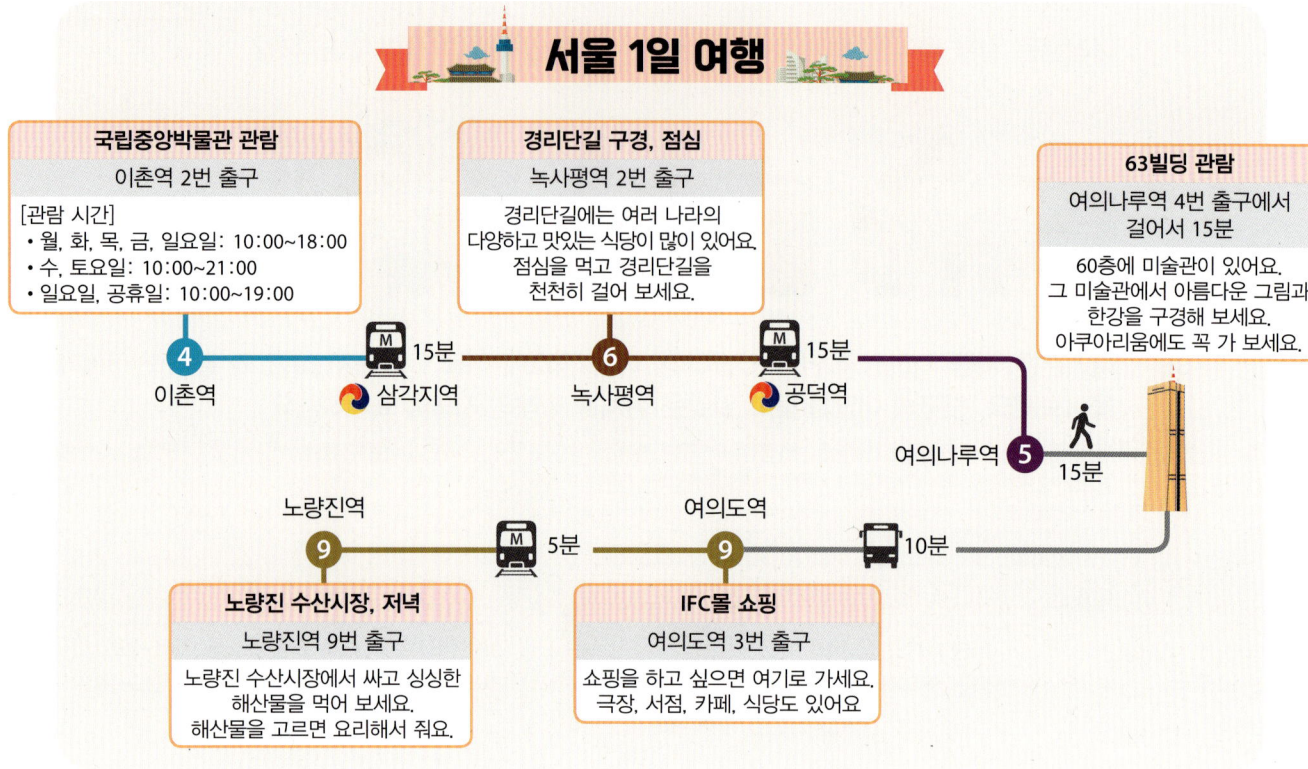

1) 이 글의 내용으로 맞는 것을 고르세요. Choose the correct statement that matches the content above.

① 국립중앙박물관은 일요일에 문을 닫아요.
② 63빌딩에 미술관과 아쿠아리움이 있어요.
③ 노량진 수산시장에서는 손님이 요리해서 먹어요.

2) 빈칸에 알맞은 말을 넣어 문장을 완성해 보세요. Complete the sentences with the correct words.

① 이촌역에서 녹사평역까지 가고 싶으면 _____ 에서 갈아타야 돼요.
② 여의나루역에서 63빌딩까지 걸어서 _____ 걸려요.
③ 노량진 수산시장에 가고 싶으면 노량진역 _____ 로 나가야 돼요.

2. 여러분은 한국에서 어떤 곳을 추천하고 싶습니까? 위와 같이 1일 여행을 만들어 보세요.
Which places in Korea would you like to recommend? Plan 1 day trip as shown above.

새 단어 New Vocabulary

국립중앙박물관 National Museum of Korea   관람 watch, view   경리단길 Gyeongridan-gil Road
다양하다 to be varied   천천히 slowly   63빌딩 63 Building   아쿠아리움 aquarium   IFC몰 IFC Mall
싱싱하다 to be fresh   해산물 seafood   고르다 to select   손님 guest, visitor

정답 1.1) ② 2) ① 삼각지역 ② 15분 ③ 9번 출구

어휘 확인 Vocabulary Check

1과 청계천에 어떻게 가야 돼요?
How do I get to Cheonggyecheon?

- ☐ 버스 — bus
- ☐ 지하철 — subway
- ☐ 택시 — taxi
- ☐ 기차 — train
- ☐ 비행기 — airplane
- ☐ 배 — boat, ship
- ☐ 타다 — to ride, to get on
- ☐ 갈아타다 — to transfer
- ☐ 내리다 — to get off
- ☐ 걸어서 가다 — to go on foot

2과 횡단보도를 건너서 오른쪽으로 가세요
Cross the crosswalk and turn right

- ☐ 사거리 — intersection
- ☐ 횡단보도 — crosswalk
- ☐ 지하도 — underpass
- ☐ 출구 — exit
- ☐ 건너다 — to cross
- ☐ 나가다 — to exit, to get out
- ☐ 쭉 가다 — to go straight
- ☐ 왼쪽으로 가다 — to turn left
- ☐ 오른쪽으로 가다 — to turn right

7 병원 Hospital

1과 내일 모임에 올 수 있어요?
Can you come to our gathering tomorrow?

- 가능성 표현하기 Expressing possibility
- 금지 표현하기 Expressing prohibition

 그림을 보고 사람들이 어디가 아픈지 보기 와 같이 말해 보세요.
Look at the pictures and talk about where the people are hurting as shown in the example.

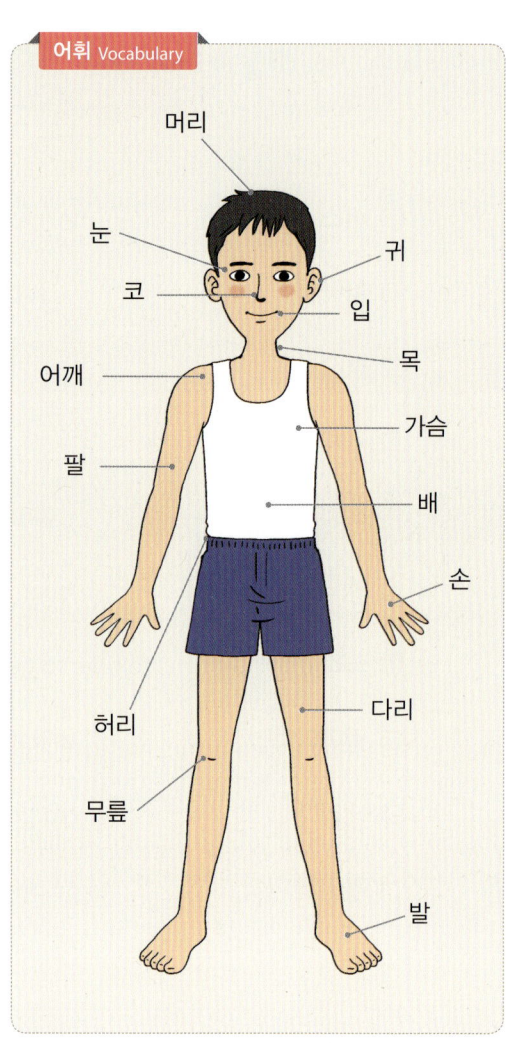

보기

어깨가 아파요.

핵심 표현 Key Expression ❶ | V-(으)ㄹ 수 있다/없다

Track 73

A 내일 동아리 모임에 올 수 있어요?
B 네, 갈 수 있어요.

A: Can you come to our club gathering tomorrow?
B: Yes, I can.

A 한자를 읽을 수 있어요?
B 아니요, 못 읽어요.

A: Can you read Chinese characters?
B: No, I can't.

💬 그림을 보고 보기 와 같이 이야기해 보세요. Create dialogues for the following pictures as shown in the example.

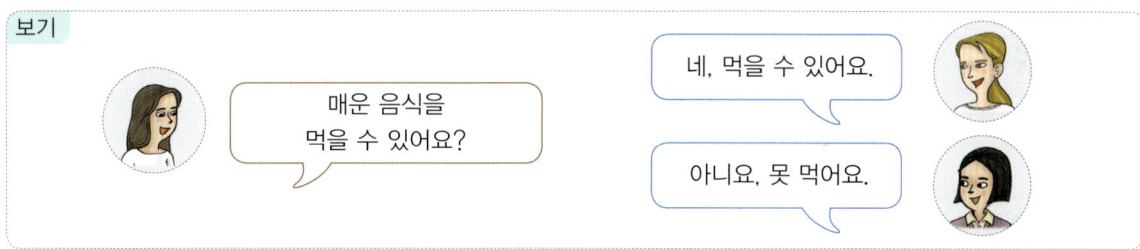

매운 음식을 먹다

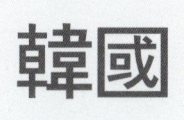
한자를 읽다

한국 음식을 만들다

서울에서 운전하다

외국어를 하다

바다에서 수영하다

한국어로 문자를 보내다

🔍 V-(으)ㄹ 수 있다/없다

'-(으)ㄹ 수 있다' is used to indicate the possibility of something happening or the ability to do something.
'-(으)ㄹ 수 없다' or '못' is used to indicate that there is no possibility or no ability.

저는 영어와 중국어를 할 수 있어요. | 학생증이 없으면 책을 빌릴 수 없어요.

새 단어 New Vocabulary 한자 Chinese characters   외국어 foreign language

핵심 표현 Key Expression ❷ | V-지 마세요

A 배가 자주 아파요.
B 매운 음식을 먹지 마세요.

A: My stomach often hurts.
B: Don't eat spicy food.

💬 다음에서 하나를 골라 보기 와 같이 안내문을 만들어 보세요.
Choose one of the following places and create a sign as shown in the example.

보기

도서관

1. 큰 소리로 이야기하지 마세요.
2. 전화하지 마세요.
3. 음식을 먹지 마세요.
4. 음악을 듣지 마세요.
5. 담배를 피우지 마세요.

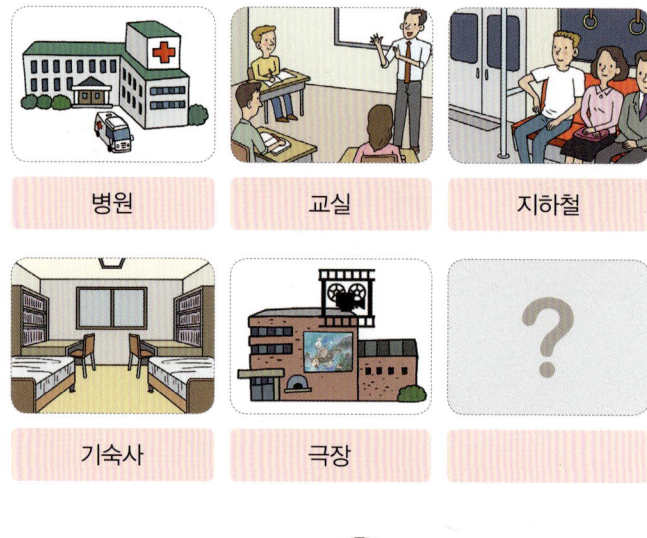

병원   교실   지하철

기숙사   극장

🔍 V-지 마세요

'-지 마세요' is used to indicate that an action is prohibited.

여기에 주차하지 마세요. | 박물관에서 사진을 찍지 마세요.

새 단어
New Vocabulary

큰 소리로 in a loud voice   담배를 피우다 to smoke cigarettes   주차하다 to park

말하기 Speaking

Thuy: Yangyang, can you come to our club gathering today?
Yangyang: No, I can't.
Thuy: Why? Are you sick?
Yangyang: Yes, my head hurts a little bit.
Thuy: Is that so? Did you take any medicine?
Yangyang: Yes, I did.
Thuy: If it hurts really badly, then go to the hospital. Also, don't overdo it.
Yangyang: Okay, thank you.

투이 양양 씨, 오늘 동아리 모임에 갈 수 있어요?
양양 아니요, 못 가요.
투이 왜요? 어디 아파요?
양양 네, 머리가 좀 아파요.
투이 그래요? 약 먹었어요?
양양 네, 먹었어요.
투이 많이 아프면 병원에 가 보세요. 그리고 너무 무리하지 마세요.
양양 네, 고마워요.

💬 그림을 보고 친구와 이야기해 보세요. Create conversations for the following pictures with your partner.

1) 동아리 모임에 가다

너무 무리하다

2) 생일 파티에 가다

찬 음식을 먹다

3) 축구를 하다

오늘 운동하다

4) 노래방에 가다

말을 많이 하다

| 새 단어 New Vocabulary | 약 medicine   무리하다 to overstrain oneself   차다 to be cold |

듣기 Listening

1. 잘 듣고 알맞은 그림을 찾아 번호를 쓰세요.
Listen to the conversations and write the number of the correct picture in the blank.

1) (   )
2) (   )
3) (   )
4) (   )
5) (   )

2. 잘 듣고 질문에 답하세요. Listen to the conversation and answer the questions.

1) 여자가 할 수 있는 것에는 ○, 할 수 없는 것에는 ×표 하세요.
Mark the things that the woman can do with an ○, and the things she can't do with an ×.

(   )   (   )   (   )   (   )

2) 맞는 것을 고르세요. Choose the correct answer.
① 남자는 호주에서 1년쯤 살았어요.
② 이 가게에는 외국 사람이 많이 와요.
③ 여자는 여기에서 오늘부터 일할 거예요.

3. 잘 듣고 맞으면 ○, 틀리면 ×표 하세요.
Listen to the conversation and if the statement is correct, write ○. If not, then write ×.

1) 여자는 지금 목이 아파요.   (   )
2) 남자는 오늘 병원에 갔어요.   (   )
3) 남자는 내일 시험을 봐요.   (   )

정답 1.1) ② 2) ③ 3) ① 4) ⑤ 5) ④   2.1) ○, ×, ○, × 2) ②   3.1) (×) 2) (×) 3) (○)

104 7. 병원

과제 Tasks and Activities

다음에 대해 이야기해 보세요. Talk about the following situations.

1. 한국에서는 다음의 일들을 몇 살부터 할 수 있는지 이야기해 보세요.
   Talk about what age you have to be to do the following things in Korea.

2. 여러분의 나라에서는 다음을 몇 살부터 할 수 있는지 메모해 보세요.
   Write down what age you have to be to do the following things in your country.

3. 다음에 대해서 친구들과 이야기해 보세요. Talk about the following things with your partner.

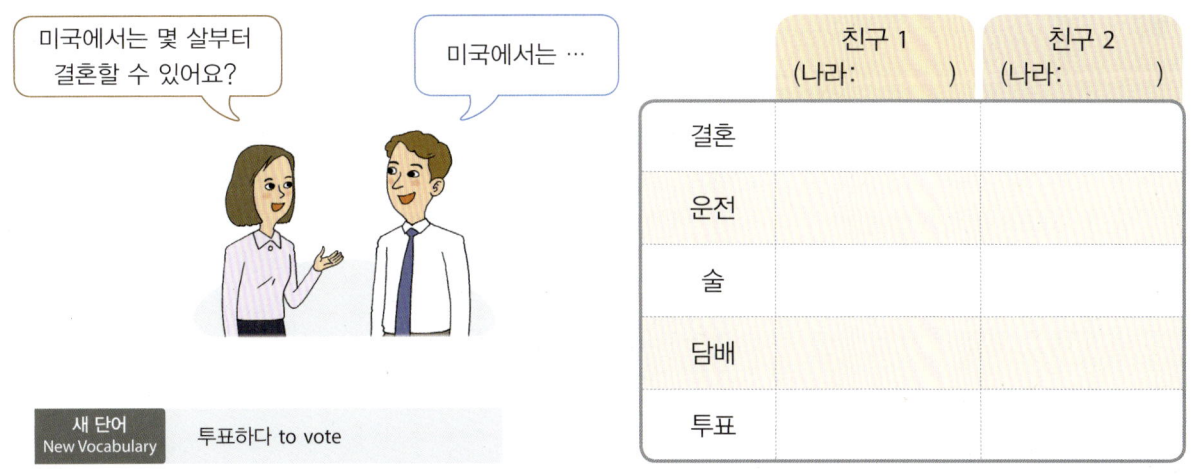

새 단어 New Vocabulary 투표하다 to vote

7 병원 Hospital

2과 목이 아파서 왔어요
I came because I have a sore throat

- 증상 말하기 Expressing symptoms
- 이유 표현하기 Expressing reasons

💬 **여기는 병원입니다. 그림을 보고 보기 와 같이 이야기해 보세요.**
This is a hospital. Look at the pictures and talk about them using the vocabulary below as shown in the example.

보기

A: 이 사람은 어디가 아파요?
B: 목이 아파요.

어휘 Vocabulary

목이 아프다   열이 나다   기침을 하다   콧물이 나다
감기에 걸리다   다리를 다치다

핵심 표현 Key Expression ❶ | A/V – 아서/어서

Track 79

A 어제 왜 학교에 안 왔어요?
B 머리가 아파서 못 왔어요.

A: Why didn't you come to school yesterday?
B: I couldn't come because I had a headache.

💬 **그림을 보고 보기 와 같이 이야기해 보세요.** Create dialogues for the following pictures as shown in the example.

보기

같이 쇼핑하러 갈까요?

미안해요. 약속이 있어서 못 가요.

저는 시험이 있어서 공부해야 돼요.

같이 쇼핑하러 갈까요?	오늘 노래방에 갈까요?	주말에 영화 볼까요?
어제 왜 모임에 안 왔어요?	어제 왜 잠을 못 잤어요?	왜 숙제를 안 했어요?	오늘 왜 학교에 늦었어요?
왜 점심을 안 먹었어요?	요즘 왜 운동 안 해요?	_____?

감기에 걸리다　　바쁘다　　돈이 없다　　날씨가 춥다　　늦잠을 자다

일이 많다　　시험이 있다　　약속이 있다　　피곤하다　　?

🔍 **A/V – 아서/어서**

'–아서/어서' is used to indicate the cause or reason for a subsequent result.
극장에 사람이 많아서 표를 못 샀어요.　|　아침을 안 먹어서 배가 고파요.

새 단어 New Vocabulary

늦잠을 자다
to oversleep

핵심 표현 Key Expression ❷ | N(이)라서

Track 80

월–금: 9:00-18:00
토요일: 9:00-12:00

A 내일 병원이 몇 시까지 해요?
B 토요일이라서 열두 시까지 해요.

A: Tomorrow, what time is the hospital open until?
B: Since it's Saturday, it's open until 12 o'clock.

 보기와 같이 이야기해 보세요. Create dialogues using the following words as shown in the example.

보기
왜 오늘 회사에 안 갔어요? — 휴가라서 안 갔어요.

왜 오늘 회사에 안 갔어요?	수업 시간	못 받았어요.
왜 요즘 매일 도서관에 가요?	연휴	비싸요.
왜 케이크를 샀어요?	시험 기간	파티가 있어요.
왜 비행기 표가 비싸요?	친구 생일	공부해야 돼요.
왜 전화를 안 받았어요?	휴가	안 갔어요.
?	?	?

 **N(이)라서**

'(이)라서' is used to indicate the cause or reason for a subsequent result.

내일 휴가라서 회사에 안 가요. | 요즘 방학이라서 수업이 없어요.

새 단어 New Vocabulary 연휴 long weekend, extended holiday   기간 period of time

말하기 Speaking

Track 81

Doctor: What brought you here?
Eva: I'm here because I have a sore throat.
Doctor: When did it start hurting?
Eva: It started hurting three days ago. Today, I've been coughing and have a fever too.
Doctor: Take some medicine and rest up. Also, try not to talk much.
Eva: Okay. I got it.

의사 어디가 아파서 오셨어요?
에바 목이 아파서 왔어요.
의사 언제부터 아프셨어요?
에바 삼일 전부터 아팠어요. 오늘은 기침도 하고 열도 나요.
의사 약을 드시고 푹 쉬세요. 그리고 말을 많이 하지 마세요.
에바 네, 알겠습니다.

💬 **그림을 보고 친구와 이야기해 보세요.** Create conversations for the following pictures with your partner.

목이 아프다 | 머리가 아프다 | 배가 아프다 | 귀가 아프다

기침을 하다 | 열이 나다 | 콧물이 나다 | 어지럽다

너무 무리하다 | 수영하다 | 말을 많이 하다 | 매운 음식을 먹다

새 단어 New Vocabulary 푹 쉬다 to rest deeply 어지럽다 to be dizzy

듣기 Listening

1. 잘 듣고 여자가 어디가 아픈지 모두 찾아 번호를 쓰세요.
Listen to the conversations for where the woman hurts and choose all that apply.

1) ____ , ____   2) ____ , ____   3) ____ , ____   4) ____ , ____

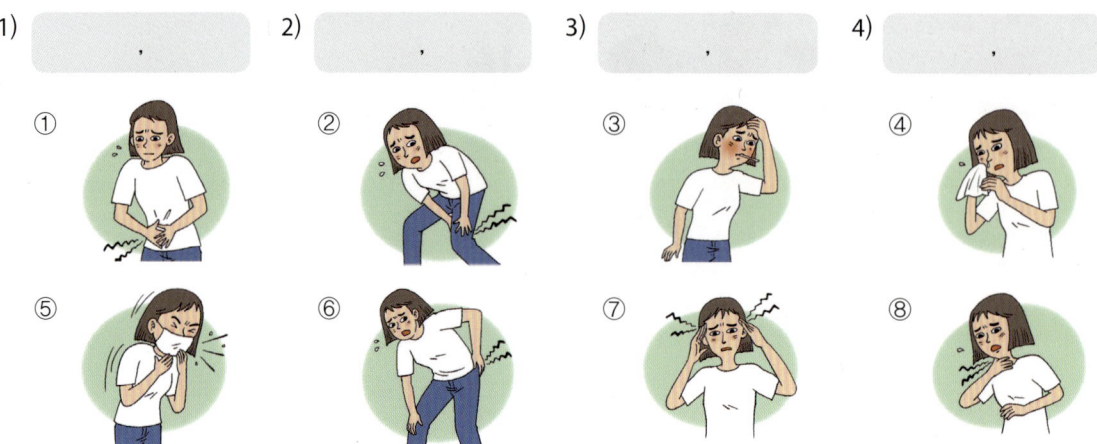

2. 잘 듣고 등산을 갈 수 없는 이유를 찾아 연결하세요.
Listen to the conversations for the reason why each person couldn't go hiking and connect the reason to the correct person.

3. 잘 듣고 질문에 답하세요. Listen to the conversation and answer the questions.

1) 남자는 어디가 아파요? Where does the man hurt?

2) 남자는 왜 아파요? 쓰세요. Why is the man hurting? Write the answer.

_____

정답 1. 1) ③, ⑧ 2) ④, ⑦ 3) ⑤, ⑥ 4) ②, ⑥   2. 1)-③ 2)-⑤ 3)-① 4)-②   3. 1) ② 2) 넥타이를 많이 해서

과제 Tasks and Activities

 친구와 이야기를 만들어 보세요. Make up a story with your partner.

1. 여러분은 다음과 같은 일을 경험한 적이 있습니까? 그래서 어떻게 됐습니까?
Have you ever experienced an accident like the following? So what happened?

교통사고가 났어요

버스를 놓쳤어요

2. 그림 카드를 받으세요. 그리고 카드의 순서를 정하고 이야기를 만들어 보세요.
Receive the picture cards. Then, arrange the order of the cards to make up a story.

그림 카드
◎ p. 150

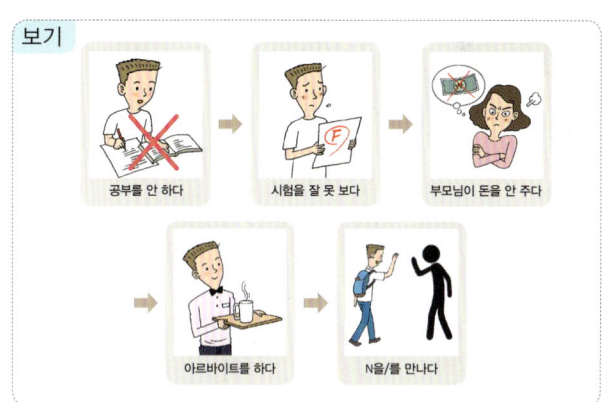

보기

공부를 안 하다 → 시험을 잘 못 보다 → 부모님이 돈을 안 주다 → 아르바이트를 하다 → N을/를 만나다

3. 위에서 만든 이야기를 발표해 보세요. Present your story to the class.

마이클 씨는 공부를 안 해서 시험을 못 봤어요. 그래서 부모님이 돈을 안 주셨어요. 마이클 씨는 돈이 없어서 아르바이트를 했어요. 거기에서 지금의 여자 친구를 만났어요.
……

새 단어 New Vocabulary	교통사고가 나다 to have a traffic accident 놓치다 to miss (out on something)
	아르바이트하다 to work part-time

읽고 쓰기 Reading and Writing

1. 다음 문자 메시지를 읽고 질문에 답하세요. Read the following text messages and answer the questions.

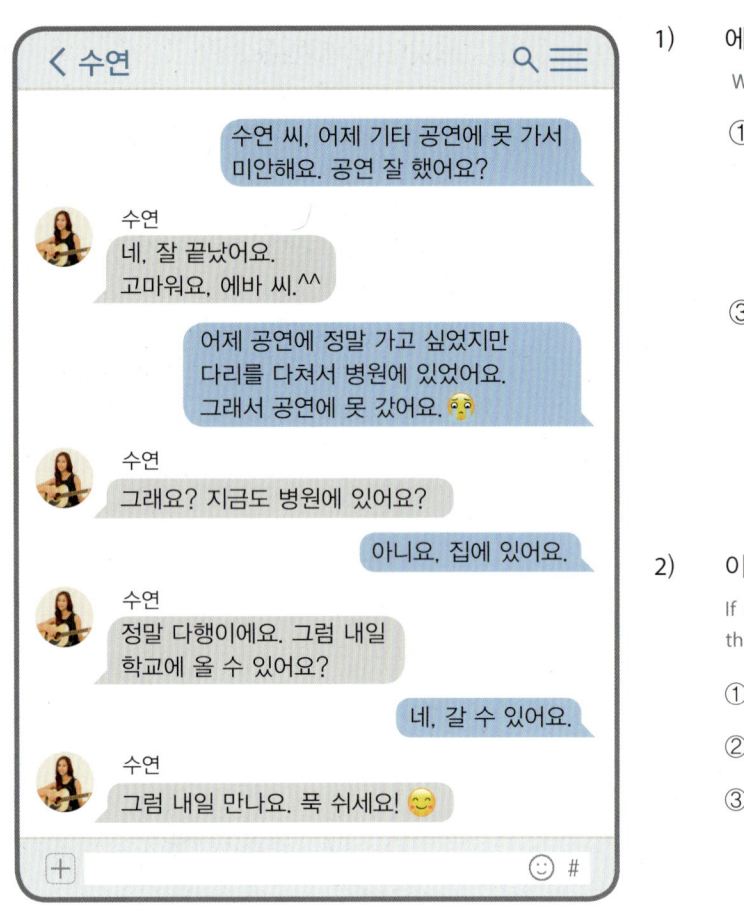

1) 에바는 지금 어디에 있습니까?
   Where is Eva now?

2) 이 글의 내용과 같으면 ○, 다르면 ×표 하세요.
   If the statement is the same as the content, write ○. If not, then write ×.

   ① 수연은 어제 기타 공연을 했어요. ( )
   ② 에바는 감기에 걸려서 많이 아팠어요. ( )
   ③ 두 사람은 내일 학교에서 만날 거예요. ( )

2. 여러분은 어제 아파서 친구 수연 씨의 생일 파티에 못 갔습니다. 친구에게 못 간 이유를 이야기하는 문자 메시지를 써 보세요. You couldn't go to Sooyeon's birthday party yesterday because you were sick. Write a text message telling her why you couldn't make it to her party.

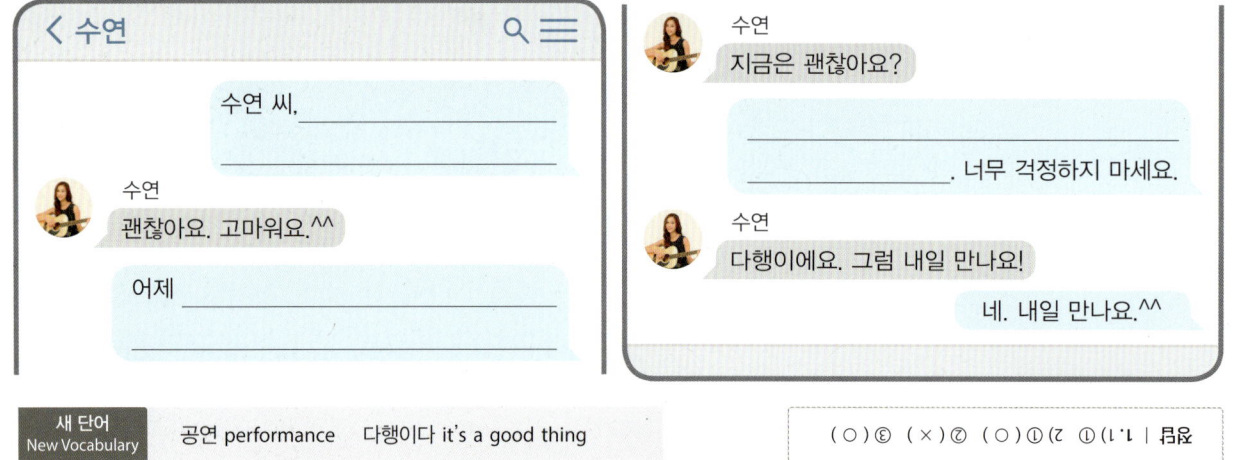

새 단어 New Vocabulary 공연 performance   다행이다 it's a good thing

정답 | 1. 1) ① 2) ① (○) ② (×) ③ (○)

어휘 확인 Vocabulary Check

1과 내일 모임에 올 수 있어요?
Can you come to our gathering tomorrow?

- ☐ 머리 — head
- ☐ 눈 — eye
- ☐ 코 — nose
- ☐ 입 — mouth
- ☐ 귀 — ear
- ☐ 목 — throat, neck
- ☐ 어깨 — shoulder
- ☐ 가슴 — chest
- ☐ 허리 — lower back
- ☐ 배 — stomach
- ☐ 팔 — arm
- ☐ 손 — hand
- ☐ 다리 — leg
- ☐ 무릎 — knee
- ☐ 발 — foot

2과 목이 아파서 왔어요
I came because I have a sore throat

- ☐ 목이 아프다 — to have a sore throat
- ☐ 열이 나다 — to have a fever
- ☐ 기침을 하다 — to cough
- ☐ 콧물이 나다 — to have a runny nose
- ☐ 감기에 걸리다 — to catch a cold
- ☐ 다리를 다치다 — to hurt one's leg

8 한국 생활
Korean Life

1과 저는 힘들 때 음악을 듣거나 친구하고 이야기해요
When I'm having a hard time, I listen to music or talk to a friend

- 감정 표현하기 Expressing feelings
- 상황 설명하기 Explaining situations

💬 **이 사람들은 지금 기분이 어때요? 그림을 보고 보기 와 같이 말해 보세요.**
How do the people feel now? Look at the pictures and describe their feelings using the vocabulary below as shown in the example.

보기
기분이 좋아요.

어휘 Vocabulary

기분이 좋다   기분이 나쁘다   기쁘다   슬프다   즐겁다
외롭다   속상하다   화가 나다

핵심 표현 Key Expression ❶ | A/V –(으)ㄹ 때

Track 85

A 기분이 안 좋을 때 어떻게 해요?
B 저는 밖에 나가서 산책을 해요.

A: What do you do when you're in a bad mood?
B: I go out for a walk.

💬 **보기 와 같이 친구를 인터뷰해 보세요.** Interview your classmates as shown in the example.

> **보기**
> 언제 기분이 좋아요?
> 저는 맛있는 음식을 먹을 때 기분이 좋아요.

	질문	친구 1 (이름:)	친구 2 (이름:)
1	언제 기분이 좋아요?		
2	언제 가족이 보고 싶어요?		
3	언제 스트레스를 받아요?		
4	언제 외로워요?		
5	언제 _____?		

🔍 **A/V –(으)ㄹ 때**

'–(으)ㄹ 때' is used to indicate the time that an action or situation lasts or occurs.

저는 공부할 때 음악을 들어요. | 저는 기분이 좋을 때 노래를 해요.

새 단어
New Vocabulary   스트레스를 받다 to get stress

핵심 표현 Key Expression ❷ | V-거나 V, N(이)나 N

A 시간이 있을 때 뭘 해요?
B 자전거를 타거나 수영을 해요.

A: When you have spare time, what do you do?
B: I ride my bike or go swimming.

A 어디에서 자전거를 타요?
B 공원이나 학교에서 타요.

A: Where do you ride your bike?
B: At a park or school.

 보기 와 같이 이야기해 보세요. Create dialogues using the following questions as shown in the example.

보기
- 주말에 보통 뭐 해요?
- 집에서 쉬거나 친구를 만나요.
- 생일에 무슨 선물을 받고 싶어요?
- 옷이나 화장품을 받고 싶어요.

| 주말에 보통 뭐 해요? | 수업이 끝나면 보통 뭐 해요? | 시간이 많으면 뭐 하고 싶어요? | 스트레스 받을 때 어떻게 해요? |

| 생일에 무슨 선물을 받고 싶어요? | 어느 나라에 가고 싶어요? | 친구를 만나면 보통 어디에 가요? | ? |

V-거나 V, N(이)나 N

'-거나' and '(이)나' are used to indicate selection of the former or latter choice.

친구를 만나면 영화를 보거나 쇼핑을 해요.
점심에 보통 샌드위치나 김밥을 먹어요.

저는 주말에 책을 읽거나 음악을 들어요.
볼펜이나 연필 있어요?

말하기 Speaking

Yangyang: Eva, it's been a long time.
Eva: Yeah, it has. Have you been doing okay?
Yangyang: Yes, I'm doing well. How's life in Korea these days?
Eva: It's fun, but I'm having a bit of a hard time since I can't speak Korean well.
Yangyang: Yeah, me too. What do you do when you're having a hard time?
Eva: When that happens, I listen to music or talk to a friend.

양양 에바 씨, 오랜만이에요.
에바 네, 오랜만이에요. 그동안 잘 지냈어요?
양양 네, 잘 지냈어요. 에바 씨는 요즘 한국 생활이 어때요?
에바 재미있어요. 그런데 한국어를 잘 못해서 좀 힘들어요.
양양 저도 그래요. 에바 씨는 힘들 때 어떻게 해요?
에바 그럴 때는 음악을 듣거나 친구하고 이야기해요.

💬 그림을 보고 친구와 이야기해 보세요.
Create conversations for the following pictures with your partner.

1) 한국어를 잘 못하다 / 힘들다
2) 시험을 잘 못 보다 / 속상하다
3) 친구가 많이 없다 / 외롭다
4) 숙제가 많다 / 스트레스를 받다

- 음악을 듣다
- 찜질방에 가다
- 친구하고 이야기하다
- 쇼핑하다
- 노래방에 가다
- 부모님하고 전화하다
- 운동하다
- 맛있는 음식을 먹다

새 단어 New Vocabulary 오랜만이다 it's been a long time   그동안 meantime   잘 지내다 to be doing well   찜질방 Korean dry sauna

8-1. 저는 힘들 때 음악을 듣거나 친구하고 이야기해요 | 117

듣기 | Listening

1. 잘 듣고 알맞은 그림과 연결하세요.
Listen to the conversations and connect the person to their correct mood and activity.

Track 88

1) 미아 •   • ① 화가 나다 •   • ⓐ
2) 안나 •   • ② 기분이 나쁘다 •   • ⓑ
3) 에밀리 •   • ③ 외롭다 •   • ⓒ
4) 지우 •   • ④ 슬프다 •   • ⓓ
                                            • ⓔ

2. 잘 듣고 질문에 답하세요. Listen to the conversation and answer the questions.

Track 89

1) 잘 듣고 누구의 이야기인지 연결하세요. Listen carefully and connect the sentence to the person who said it.

① 여자 •   • ⓐ 어제 시험이 끝났어요.
                  • ⓑ 방학에 일을 할 거예요.
② 남자 •   • ⓒ 요즘 외롭고 힘들어요.

2) 남자는 힘들 때 어떻게 해요? 모두 고르세요. What does the man do when he has a hard time? Choose all that apply.

① ② ③ ④

3. 잘 듣고 맞으면 ○, 틀리면 ×표 하세요. Listen to the narration and if the statement is correct, write ○. If not, then write ×.

Track 90

1) 이 사람은 고향에서 한국 드라마를 봤어요.   (   )
2) 이 사람은 요즘 바빠서 한국 드라마를 못 봐요. (   )
3) 이 사람은 한국에서 좋아하는 배우를 만났어요. (   )

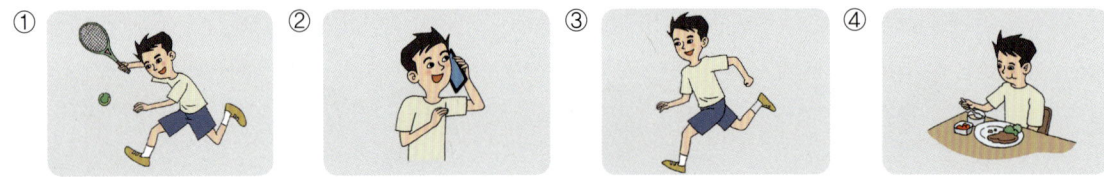

과제 Tasks and Activities

 설명을 듣고 누구인지 맞혀 보세요. Guess whose story it is.

1. 여러분의 한국 생활은 어떻습니까? 보기 와 같이 여러분의 한국 생활을 나타낼 수 있는 단어를 쓰세요. 그리고 연상되는 것을 써 보세요.
   How's your life in Korea going? As shown in the example, write the words that express your life in Korea. Also, write something that is associated with the words you wrote.

   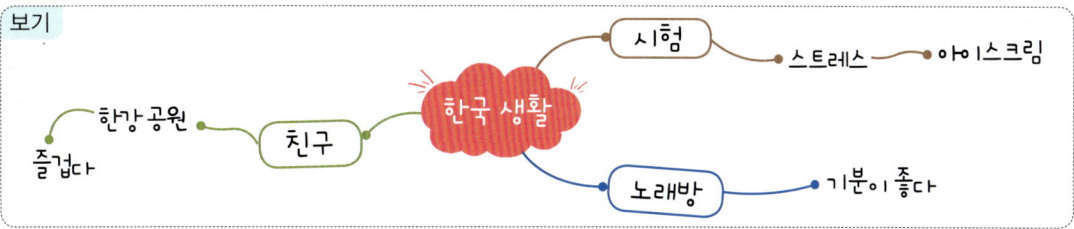

2. 위에서 메모한 것으로 보기 와 같이 문장을 만들어 보세요.
   Using the words that you wrote above, make sentences about your life as shown in the example.

   보기
   - 저는 요즘 시험이 많아서 스트레스를 받아요. 그럴 때 저는 아이스크림을 먹어요.
   - 저는 한국에서 노래방에 자주 가요. 노래방에서 노래하면 기분이 정말 좋아요.

3. 친구들이 쓴 종이를 모아 섞은 후에 한 장씩 뽑아 읽으세요. 그리고 그 설명이 누구의 것인지 맞혀 보세요. Gather all of the papers and mix them up. Choose one at a time and read it aloud. Then, try to guess who wrote it.

8. 한국생활 (Korean Life)

2과 시험을 볼 때 연필로 써도 돼요?
May I use a pencil on the test?

- 허락 구하기 / Seeking permission
- 금지 표현하기 / Expressing prohibition

💬 **여러분 나라의 학교생활은 어떻습니까? 그림을 보고 보기 와 같이 말해 보세요.**
How is student life in your country? Look at the following pictures and talk about them using the vocabulary below as shown in the example.

보기
한국에서는 보통 3월에 입학해요.

어휘 Vocabulary

| 입학하다 | 졸업하다 | 수업을 듣다 | 발표를 하다 |
| 시험을 보다 | 방학을 하다 | 상을 받다 | |

핵심 표현 Key Expression ❶ | V-아도/어도 되다

Track 91

A 선생님, 지금 화장실에 가도 돼요?
B 네, 가도 돼요.

A: Ma'am, may I go to the restroom right now?
B: Yes, you may.

 그림을 보고 보기 와 같이 이야기해 보세요.
Create dialogues for the following pictures as shown in the example.

보기
책 좀 봐도 돼요?
그럼요, 봐도 돼요.

 허락을 구하는 상대에게 긍정적인 응답을 할 때는 다음과 같은 표현을 사용할 수 있다.
The following statements can be used when giving a positive response to a person seeking permission.
A: 휴대폰을 좀 써도 돼요?
B: 그럼요. / 물론이지요. / 네, 괜찮아요. / 네, 써도 돼요. / 네, 쓰세요.

책을 보다
컴퓨터를 사용하다
빵을 먹다
휴대폰을 쓰다
옆에 앉다
창문을 열다

V-아도/어도 되다

'-아도/어도 되다' is used to request permission or consent to do something.

A: 문을 닫아도 돼요?　　　　　　A: 여기에서 사진을 찍어도 돼요?
B: 네, 닫아도 돼요.　　　　　　　B: 네, 찍어도 돼요.

새 단어 New Vocabulary　사용하다 to use

핵심 표현 Key Expression ❷ | V-(으)면 안 되다

Track 92

A 선생님, 숙제를 다음 주에 내도 돼요?
B 아니요, 다음 주에 내면 안 돼요.
내일까지 내세요.

A: Ma'am, can I turn in my homework next week?
B: No, you may not turn it in next week. Turn it in by tomorrow.

 보기 와 같이 다음 상황에서 해도 되는 것과 하면 안 되는 것을 이야기해 보세요.
Talk about things that are allowed and not allowed for the following situations as shown in the example.

보기
영화를 볼 때 음식을 먹어도 돼요?
사진을 찍어도 돼요?
네, 먹어도 돼요.
아니요, 사진을 찍으면 안 돼요.

| 영화를 볼 때 | 도서관에서 | 한국어 수업 시간에 | 기숙사에서 |

🔍 V-(으)면 안 되다

'-(으)면 안 되다' is used to indicate that an action is not allowed.

시험을 볼 때 휴대폰을 보면 안 돼요. | 박물관에서 사진을 찍으면 안 돼요.

새 단어
New Vocabulary   내다 to hand in, to submit   기숙사 dormitory

말하기 Speaking

Track 93

Student: Ma'am, I have a question.
Teacher: Sure, go ahead.
Student: May I use a pencil on the test?
Teacher: Yes, you may use a pencil.
Student: Also, when I'm finished with the test, may I leave?
Teacher: No, you may not leave. You can leave when the test is over.
Student: Yes, ma'am.

학생　　 선생님, 질문이 있는데요.
선생님　 네, 이야기해 보세요.
학생　　 시험을 볼 때 연필로 써도 돼요?
선생님　 네, 연필로 써도 돼요.
학생　　 그리고 시험을 다 보면 먼저 나가도 돼요?
선생님　 아니요, 먼저 나가면 안 돼요. 시험 시간이 끝나면 나가세요.
학생　　 네, 알겠습니다.

💬 **그림을 보고 친구와 이야기해 보세요.** Create conversations for the following pictures with your partner.

1) 시험을 볼 때　　2) 수업 시간에　　3) 발표를 할 때　　4) 수업이 끝나고

연필로 쓰다

커피를 마시다

노트북을 사용하다

교실에서 공부하다

시험을 다 보면 먼저 나가다

빵을 먹다

원고를 보고 읽다

음식을 시켜서 먹다

시험 시간이 끝나면 나가다　　쉬는 시간에 먹다　　외워서 발표하다　　식당에 가서 먹다

새 단어 New Vocabulary　　질문 question　　원고 manuscript　　외우다 to memorize　　시키다 to order

듣기 Listening

1. 잘 듣고 상황에 맞는 그림을 찾아 번호를 쓰세요.
Listen to the conversations and write the number of the correct picture of the situation.

Track 94

1) (   )   2) (   )   3) (   )   4) (   )

2. 잘 듣고 여자가 지금 해도 되는 일에는 ○, 하면 안 되는 일에는 ×표 하세요.
Listen to the conversation and write O for the things that the woman is allowed to do and X for the things that are not allowed.

Track 95

3. 잘 듣고 맞으면 ○, 틀리면 ×표 하세요.
Listen to the narration and if the statement is correct, write ○. If not, then write ×.

Track 96

1) 기숙사에 있는 부엌에서 요리할 수 있어요.   (   )
2) 이 사람은 학교까지 매일 버스를 타고 가요.   (   )
3) 기숙사가 불편해서 아파트로 이사하고 싶어요.   (   )

정답 | 1. 1) ⑤ 2) ② 3) ③ 4) ⑥   2. 1) (○) 2) (○) 3) (×) 4) (○)   3. 1) (○) 2) (×) 3) (×)

새 단어
New Vocabulary

부엌 kitchen   이사하다 to move homes

124   8. 한국 생활

과제 Tasks and Activities

각 나라에서 해도 되는 것과 하면 안 되는 것에 대해 이야기해 보세요.
Talk about what is allowed and not allowed in each country.

1. 여러분 나라에서는 다음의 행동을 해도 됩니까? 하면 안 됩니까?
Are the following things allowed or not allowed in your country?

   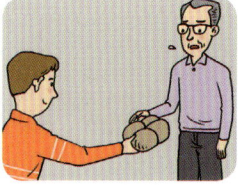

| 지하철이나 버스에서 음료수를 마시다 | 부모님 앞에서 담배를 피우다 | 왼손으로 음식을 먹다 | 어른한테 한 손으로 물건을 주다 |

2. 보기 와 같이 여러분 나라에서 해도 되는 것은 ○, 하면 안 되는 것은 X로 표시해 보세요.
As shown in the example, write O for things that are allowed in your country and X for the things that aren't allowed.

질문	나	친구 1 (나라:)	친구 2 (나라:)
지하철이나 버스에서 음료수를 마시다	보기 ○		
부모님 앞에서 담배를 피우다			
왼손으로 음식을 먹다			
어른한테 한 손으로 물건을 주다			
_____			
_____			

3. 여러분과 친구들의 고향에서는 어떻게 다른지 이야기해 보세요.
Talk with your classmates about how things are different in your hometowns.

우리 나라에서는 지하철이나 버스에서 음료수를 마셔도 돼요.

우리 나라에서는 지하철이나 버스에서 음료수를 마시면 안 돼요.

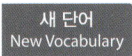 새 단어 New Vocabulary   음료수 beverage   왼손 left hand

읽고 쓰기 Reading and Writing

1. 다음을 읽고 질문에 답하세요. Read the following interview and answer the questions.

유학생 인터뷰

사이키란 씨의 한국 생활 이야기

안녕하세요? 저는 인도에서 왔어요.

언제 한국에 왔어요?
작년 8월에 왔어요.

왜 한국에 왔어요?
한국 자동차 회사에서 장학금을 받아서 작년 9월에 대학원에 입학했어요.

한국에 와서 뭐가 힘들었어요?
처음에는 아는 사람도 없고 한국어도 못해서 힘들었어요. 지금은 친구도 많고 한국어로 하고 싶은 말도 할 수 있어서 좋아요.

한국하고 인도는 문화가 많이 달라요?
네. 인도에서는 밥을 먹거나 물건을 줄 때 왼손을 사용하면 안 돼요. 그리고 인도 사람들은 소고기를 안 먹어요. 그래서 저는 식당에서 음식을 시킬 때 "이 음식에 소고기가 들어 있어요?"라고 물어봐요.

시간이 있을 때 뭘 해요?
요리를 하거나 책을 읽어요. 그리고 여행하는 것도 좋아해요. 지금까지 제주도, 부산, 속초에 갔어요. 시간이 있으면 한국에서 여행을 더 하고 싶어요.

졸업하고 뭘 할 거예요?
대학원을 졸업하고 한국 자동차 회사에서 일하고 싶어요. 앞으로 한국어를 더 열심히 공부할 거예요.

1) 이 사람은 한국에 와서 무엇이 힘들었습니까? What did the person have a hard time with after coming to Korea?

　① 일이 너무 많아서
　② 아는 사람이 없어서
　③ 고향 음식을 못 먹어서

2) 이 글의 내용과 같으면 〇, 다르면 ✕표 하세요. If the statement is the same as the interview, write 〇. If not, then write ✕.

　① 이 사람은 한국에 공부하러 왔어요.　　　　　(　　)
　② 이 사람은 밥을 먹을 때 왼손으로 먹어요.　　(　　)
　③ 이 사람은 자동차 회사에 다니고 싶어요.　　 (　　)

2. 위와 같이 친구를 인터뷰하고 친구의 한국 생활에 대해 글을 써 보세요.
Interview your partner like above and write about their life in Korea.

새 단어 New Vocabulary
유학생 international student　자동차 car　장학금 scholarship
대학원 graduate school　문화 culture　들어 있다 to contain
물어보다 to ask　앞으로 in the future

정답 | 1. 1) ② 2) ① (〇) ② (✕) ③ (〇)

어휘 확인 Vocabulary Check

1과 저는 힘들 때 음악을 듣거나 친구하고 이야기해요
When I'm having a hard time,
I listen to music or talk to a friend

- ☐ 기분이 좋다   to be in a good mood
- ☐ 기분이 나쁘다   to be in a bad mood
- ☐ 기쁘다   to be glad
- ☐ 슬프다   to be sad
- ☐ 즐겁다   to be enjoyable
- ☐ 외롭다   to be lonely
- ☐ 속상하다   to be distressed
- ☐ 화가 나다   to be angry

2과 시험을 볼 때 연필로 써도 돼요?
May I use a pencil on the test?

- ☐ 입학하다   to enter a school
- ☐ 졸업하다   to graduate school
- ☐ 수업을 듣다   to take a class
- ☐ 발표를 하다   to give a presentation
- ☐ 시험을 보다   to take a test
- ☐ 방학을 하다   to be on school vacation
- ☐ 상을 받다   to receive an award

9 전화
Telephone

1과 여보세요, 거기 서울대학교지요?
Hello, is this Seoul National University?

- 전화하기 Calling
- 확인하기 Confirming

 그림을 보고 사람들이 무엇을 하고 있는지 보기 와 같이 말해 보세요.
Look at the following pictures and talk about what the people are doing using the vocabulary below as shown in the example.

보기
전화를 걸어요.

어휘 Vocabulary

전화를 걸다   전화를 받다   전화를 끊다
문자를 보내다   문자를 받다

128 9. 전화

핵심 표현 Key Expression ❶ | N(이)지요?, A/V-지요?

A 여보세요. 미아 씨 휴대폰이지요?
B 네, 그런데요.

A: Hello, is this Mia's cell phone?
B: Yes, it is.

A 오늘 모임에 오지요?
B 네, 가요.

A: Are you coming to the gathering today?
B: Yes, I'm going.

💬 보기 와 같이 여러분이 알고 있거나 추측하는 것이 맞는지 친구들에게 확인해 보세요.
Check with your partners if what you know or guess is true as shown in the example.

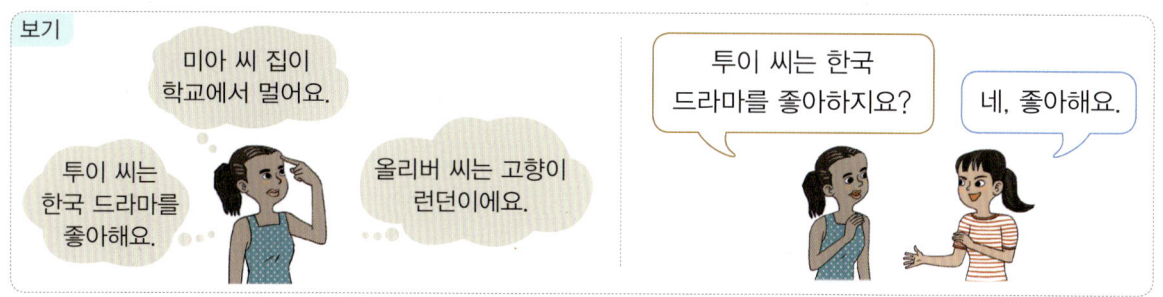

	이름	질문	대답
보기	투이	투이 씨는 한국 드라마를 좋아하지요?	네
1			
2			
3			
4			

🔍 **N(이)지요?, A/V-지요?**

'-지요?' is used to confirm what you know is true or not. Do not answer a '-지요?' question with '-지요'.

A: 여기가 서울대학교지요? A: 지금 눈이 오지요?
B: 네, 서울대학교예요. B: 아니요, 안 와요.

핵심 표현 Key Expression ❷ | N한테/에게/께

Track 98

A 투이 씨가 약속 시간을 알아요?
B 네. 제가 투이 씨한테 전화해서 이야기했어요.

A: Does Thuy know what time we're meeting?
B: Yes, I called and told her.

여러분은 누구한테 무엇을 해요? 그림을 보고 보기 와 같이 문장을 만들어 보세요.
What do you do to the following people? Create sentences for the following pictures as shown in the example.

보기
> 저는 좋은 일이 있으면 먼저 여자 친구한테 전화해요.

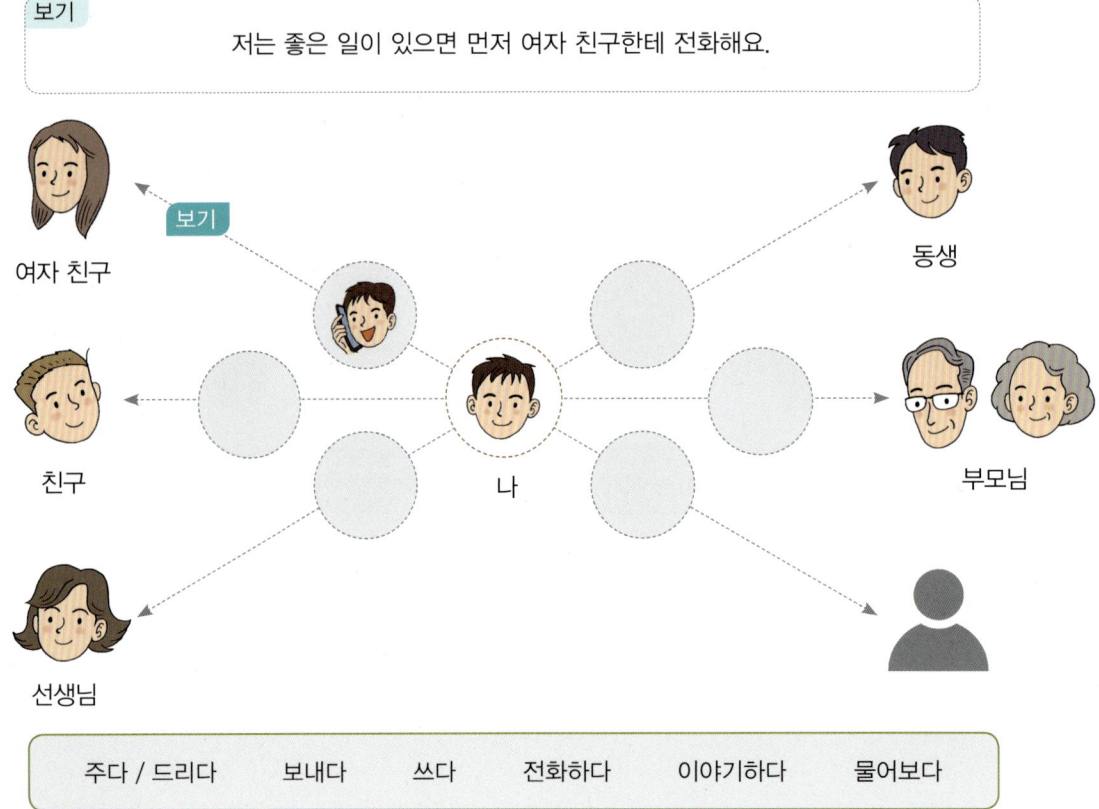

| 주다 / 드리다 | 보내다 | 쓰다 | 전화하다 | 이야기하다 | 물어보다 |

🔍 N한테/에게/께

'한테/에게' is attached to a noun that represents a person or animal, indicating that it is the indirect object of action. When speaking, it is more common to say '한테' than '에게'. When the indirect object of the action is older or of higher social status than the subject, then '께' is used.

여자 친구한테 꽃을 선물했어요.
아버지가 저에게 그 책을 주셨어요.

어제 동생한테 소포를 보냈어요.
숙제를 몰라서 선생님께 전화했어요.

130　9. 전화

말하기 Speaking

팅팅 여보세요, 케빈 씨 휴대폰이지요?
케빈 네, 전데요. 실례지만 누구세요?
팅팅 케빈 씨, 저 팅팅인데요.
케빈 아, 팅팅 씨, 안녕하세요? 무슨 일이에요?
팅팅 혹시 다쿠야 씨 전화번호 알아요?
       급한 일이 있어서 다쿠야 씨한테 전화를 해야 돼요.
케빈 네, 잠깐만요. 010-0973-8021이에요.
팅팅 고마워요. 안녕히 계세요.

Tingting: Hello, is this Kevin's cell phone?
Kevin: Yes, I'm Kevin. Excuse me, but who's speaking?
Tingting: Kevin, I'm Tingting.
Kevin: Ah, hey Tingting. What's up?
Tingting: Do you happen to know Takuya's phone number? Something urgent came up and I need to call him.
Kevin: Yeah, hold on. It's 010-0973-8021.
Tingting: Thank you. Goodbye.

친구와 이야기해 보세요. Create conversations using the following words with your partner.

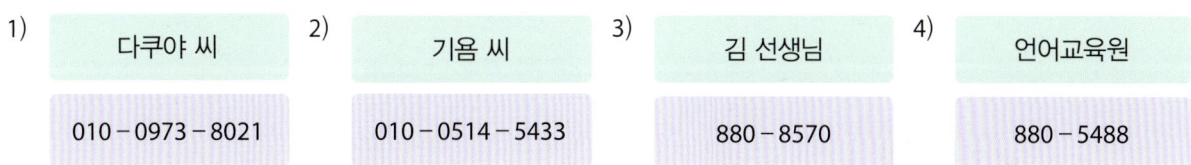

1) 다쿠야 씨 — 010-0973-8021
2) 기욤 씨 — 010-0514-5433
3) 김 선생님 — 880-8570
4) 언어교육원 — 880-5488

새 단어 / New Vocabulary 혹시 by any chance   급하다 to be urgent

듣기 | Listening

1. 잘 듣고 전화를 맞게 걸었으면 ○, 잘못 걸었으면 ×표 하세요.
Listen to the conversations and if the correct number was dialed, write ○. If not, then write ×.

Track 100

1) (   )   2) (   )   3) (   )   4) (   )

2. 잘 듣고 질문에 답하세요. Listen to the conversation and answer the questions.

Track 101

1) 남자는 뭘 잃어버렸어요? What did the man lose?

① ② ③

2) 맞는 것을 고르세요. Choose the correct answer.

① 식당에 남자의 지갑이 없어요.
② 식당 직원이 남자한테 전화했어요.
③ 남자는 전화를 끊고 식당에 갈 거예요.

3. 잘 듣고 누구의 이야기인지 표시하세요.
Listen to the conversation and put a check mark for the person that is described.

Track 102

	여자는	남자는	
1)	☐	☐	문자를 자주 안 보내요.
2)	☐	☐	휴대폰 보는 걸 안 좋아해요.
3)	☐	☐	문자를 보내는 게 재미있어요.

정답 | 1. 1) (○) 2) (×) 3) (○) 4) (×) 2. 1) ① 2) ③ 3. 1) ☑☐ 2) ☐☑ 3) ☑☐

과제 Tasks and Activities

 기억력 게임을 해 보세요. Play a memory game.

1. 여러분은 기억을 잘하는 편입니까? Are you good at remembering things?

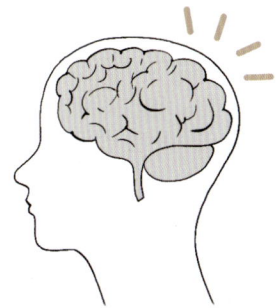

2. Ⓐ가 먼저 2분 동안 그림 카드를 보면서 사람들이 무엇을 하고 있는지 기억해 보세요.
First, person A looks at a picture card for 2 minutes and tries to remember what the people on it are doing.

활동지
▶ p. 152

3. Ⓐ는 Ⓑ한테 그림 카드를 주고 인물 카드를 받으세요. 그리고 Ⓐ는 인물 카드를 보면서 보기 와 같이 자기가 기억하고 있는 내용이 맞는지 Ⓑ에게 질문해 보세요. Ⓑ는 그림을 보면서 대답해 보세요. 다 한 후에는 친구와 역할을 바꾸어 위와 같이 해 보세요.
Person A receives a character card and person B receives a picture card. Then, as shown in the example, while A is looking at the character card, A asks B if what A remembers is true or not. B answers A while looking at the picture card. After you are done, change roles and try again.

새 단어 New Vocabulary 맞다 to be correct   틀리다 to be incorrect

9 전화 Telephone

2과 차 마시면서 책 읽고 있어요
I'm reading a book while drinking tea

- 전화로 음식 주문하기 Ordering food by phone
- 동시 동작 표현하기 Expressing concurrent actions
- 현재 진행 중인 동작 표현하기 Expressing present continuous actions

1. 그림을 보고 사람들이 무엇을 하고 있는지 보기 와 같이 말해 보세요.
Look at the pictures and talk about what the people are doing using the vocabulary below as shown in the example.

보기
피자를 주문해요.

어휘 Vocabulary
주문하다   포장하다   배달하다

2. 그림을 보고 보기 와 같이 음식을 주문해 보세요. Look at the pictures and order food as shown in the example.

보기: 거기 ○○피자지요? 치즈 피자 한 판 배달해 주세요.

어휘 Vocabulary
(한, 두, 세, 네…) 판, 조각, 마리, 그릇, 줄   (일, 이, 삼, 사…) 인분

핵심 표현 Key Expression ❶ | V-(으)면서

Track 103

A: What shall we do tonight?
B: Let's watch a movie at home while eating pizza.

A 오늘 저녁에 뭐 할까요?
B 우리 집에서 같이 피자 먹으면서 영화 봐요.

💬 카드를 한 장씩 뽑고 그 카드에 적혀 있는 내용을 행동으로 표현해 보세요. 다른 사람들은 그 행동을 보고 문장으로 만들어 보세요. Choose one card at a time and act out what is written on the card. The rest of students will make sentences out of the actions.

문장 카드
▶ p. 154

노래를 부르면서 여자 친구한테 꽃을 줘요.

🔍 V-(으)면서

'-(으)면서' is used to express two concurrent actions.

운전을 하면서 전화하면 안 돼요. | 어제 친구하고 저녁을 먹으면서 이야기했어요.

핵심 표현 Key Expression ❷ | V-고 있다

Track 104

A 팅팅 씨 지금 뭐 해요?
B 카페에서 커피 마시고 있어요.

A: What are you doing Tingting?
B: I'm drinking coffee at a coffee shop.

그림을 보고 보기 와 같이 이야기해 보세요. Create dialogues for the following picture as shown in the example.

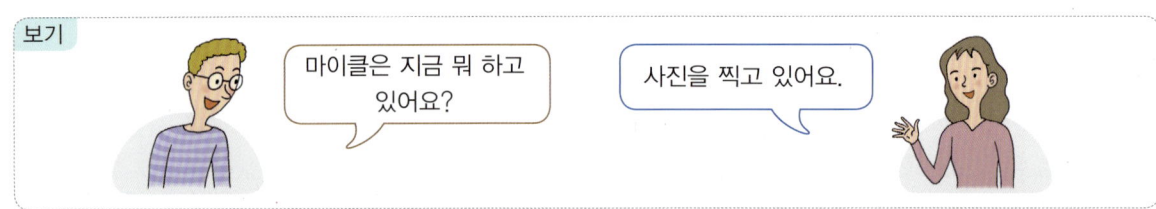

보기
마이클은 지금 뭐 하고 있어요?
사진을 찍고 있어요.

🔍 V-고 있다

'-고 있다' is used to indicate an action that is currently happening.

아기가 방에서 자고 있어요. 조용히 해 주세요. | 팅팅 씨는 지금 저녁을 먹고 있어요.

말하기 Speaking

Track 105

Tingting: Hello, is this Pizzanara? I want to order a cheese pizza.
Employee: Sure. What's your address?
Tingting: Haengbok Apartment building 104, room 302. Please deliver it by 1 o'clock.
……
Tingting: Hello. Jiwoo, this is Tingting. What are you doing now?
Jiwoo: I'm drinking tea while reading a book. Why?
Tingting: If you have time, come over to my place and have pizza with us. I ordered some.
Jiwoo: Sounds good. See you soon.

팅팅 여보세요, 거기 피자나라지요? 치즈 피자 한 판 주문하고 싶은데요.
직원 네. 주소가 어떻게 되세요?
팅팅 행복아파트 104동 302호예요. 1시까지 갖다 주세요.
……
팅팅 여보세요. 지우 씨, 저 팅팅인데요. 지금 뭐 해요?
지우 차 마시면서 책 읽고 있는데요. 왜요?
팅팅 시간 있으면 우리 집에 와서 같이 피자 먹어요. 제가 주문했어요.
지우 좋아요. 이따 봐요.

💬 **그림을 보고 친구와 이야기해 보세요.** Create conversations for the following pictures with your partner.

1) 피자나라 — 치즈 피자 / 한 판
2) 하나치킨 — 프라이드 치킨 / 한 마리
3) 신림떡볶이 — 떡볶이 / 이 인분
4) 옛날짜장면 — 짜장면 / 두 그릇

새 단어 New Vocabulary
갖다 주다 to bring over 이따(가) a little later 프라이드 치킨 fried chicken 짜장면 black bean sauce noodles

듣기 Listening

1. 잘 듣고 음식을 얼마나 주문했는지 보기 와 같이 쓰세요.
Listen to the conversations and write how much food was ordered as shown in the example.

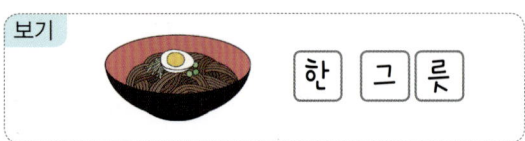

1) 2) 3)

2. 잘 듣고 친구들이 요즘 무엇을 하고 있는지 알맞은 그림과 연결하세요.
Listen to the conversation and connect the friend's name to the picture that shows what they're doing these days.

1) 건우   2) 민지   3) 다은   4) 준영

3. 잘 듣고 빈칸에 알맞은 말을 쓰세요. Listen to the conversation and write the correct answer in the blank.

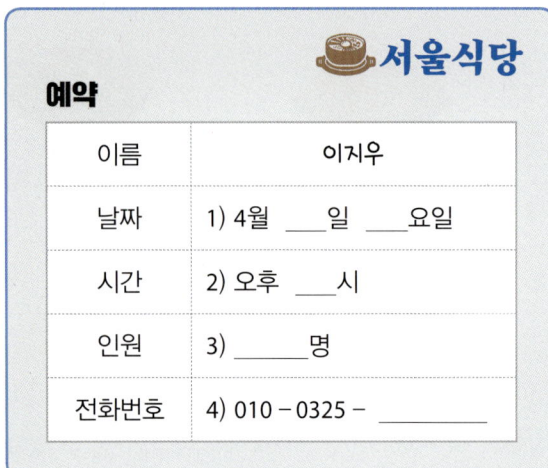

새 단어 / New Vocabulary: 날짜 date   인원 the number of people

정답 | 1. 1) 피자, 두 판 2) 후라이드, 한 병 3) 이인분, 네 줄
2. 1) ③ 2) ① 3) ⑤ 4) ②
3. 1) 9, 토 2) 1 3) 3 4) 1928

과제 Tasks and Activities

전화로 음식을 주문하는 역할극을 해 보세요. Play the role of placing an order for food over the phone.

1. 여러분은 전화로 음식을 주문해 본 적이 있습니까? 보통 무슨 음식을 주문해서 먹습니까?
   Have you ever ordered food by phone? What do you usually order?

피자　　　　　짜장면　　　　　치킨　　　　　족발

2. 보기 와 같이 친구와 배달 음식점의 메뉴판을 만들어 보세요.
   As shown in the example, make a delivery restaurant to-go menu with your partner.

보기

3. 옆 팀과 배달 음식점 메뉴판을 바꾸세요. 먹고 싶은 음식을 정해서 보기 와 같이 전화로 음식을 주문하는 역할극을 해 보세요. Change your delivery restaurant menu with another team's. Decide what you want to eat and order food by phone as shown in the example.

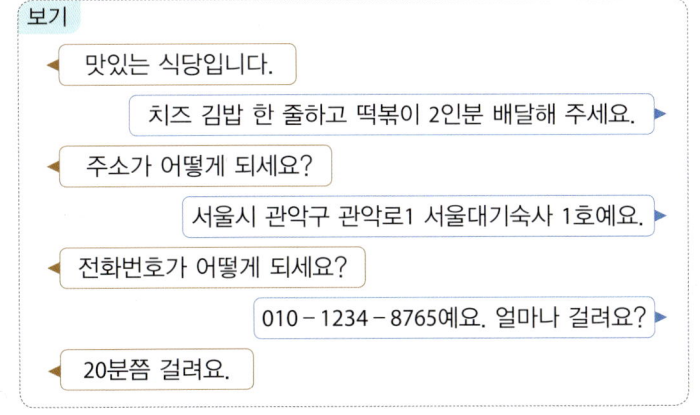

보기
- 맛있는 식당입니다.
- 치즈 김밥 한 줄하고 떡볶이 2인분 배달해 주세요.
- 주소가 어떻게 되세요?
- 서울시 관악구 관악로1 서울대기숙사 1호예요.
- 전화번호가 어떻게 되세요?
- 010-1234-8765예요. 얼마나 걸려요?
- 20분쯤 걸려요.

새 단어 New Vocabulary: 족발 pig feet

읽고 쓰기 Reading and Writing

1. 다음을 읽고 질문에 답하세요. Read the following and answer the questions.

SNU 한국어 2급 3반 12명

 소피아
어제 • 산티아고

여러분, 저 소피아예요. 잘 지내지요?
저는 고향에 돌아와서 잘 지내고 있어요.
요즘 오전에는 수업을 듣고 오후에는 아르바이트를 하고 있어요. 아르바이트하는 곳은 대학교 옆에 있는 한국 식당이에요. 한국 손님이 많아서 한국어 연습을 할 수 있어요. 주말에는 아이들한테 케이팝 댄스를 가르치고 있어요. 춤을 추면서 한국어로 노래도 불러요. 그럴 때 여러분 생각이 많이 나요. 여러분, 열심히 한국어를 배우고 있지요? 이번 겨울 방학에 한국에 갈 거예요. 한국에 가면 우리 꼭 만나요. 그때까지 모두 잘 지내세요!

댓글 3 ♥

유카　소피아 씨, 보고 싶어요!
팅팅　소피아 씨~ 언제 한국에 와요?
케빈　저도 칠레에 놀러 가고 싶어요!

1) 소피아가 요즘 하는 일이 <u>아닌</u> 것은 무엇입니까?
What is Sophia <u>not</u> doing these days?

①  ②

③  ④

2) 이 글의 내용으로 맞지 <u>않는</u> 것을 고르세요.
Choose the statement that is <u>not</u> correct.

① 일을 할 때 한국어를 많이 해요.
② 요즘 학교에서 춤을 배우고 있어요.
③ 이번 겨울에 한국에서 친구들을 만날 거예요.

2. 위와 같이 여러분이 어떻게 지내는지 블로그나 에스엔에스(SNS)에 글을 써 보세요.
Like above, either on a blog or SNS, write about how your life is going.

새 단어 / New Vocabulary
돌아오다 to come back　연습 practice　댄스 dance　칠레 Chile
에스엔에스(SNS) Social Networking Service

정답 | 1. 1) ③ 2) ②

어휘 확인 Vocabulary Check

1과 여보세요, 거기 서울대학교지요?
Hello, is this Seoul National University?

- ☐ 전화를 걸다 — to make a phone call
- ☐ 전화를 받다 — to receive a phone call
- ☐ 전화를 끊다 — to end a phone call
- ☐ 문자를 보내다 — to send a text message
- ☐ 문자를 받다 — to receive a text message

2과 차 마시면서 책 읽고 있어요
I'm reading a book while drinking tea

- ☐ 주문하다 — to order
- ☐ 포장하다 — to package, to wrap
- ☐ 배달하다 — to deliver
- ☐ 판 — unit noun for a whole pizza
- ☐ 조각 — piece
- ☐ 마리 — unit noun for animals
- ☐ 그릇 — bowl
- ☐ 줄 — roll
- ☐ 인분 — serving size

부록
Appendix

활동지   Activity Sheets
문법 해설   Grammar Reference
듣기 지문   Listening Transcript
어휘 색인   Glossary

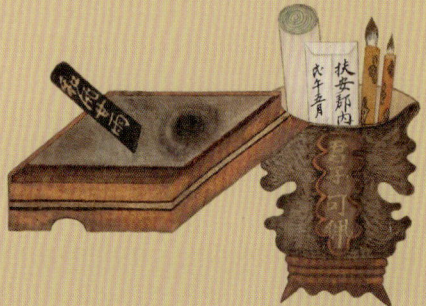

활동지 Activity Sheets

학생 B
학생 A ➡ p. 21

1단원 1과 과제

2. 친구의 가족에 대해 묻고 답을 써 보세요.
Ask your partner about their family and write their answers.

남동생
나이:
직업:
취미:

나이:
직업:
취미:

나이:
직업:
취미:

나이:
직업:
취미:

3. 다음은 여러분의 가족입니다. 아래 표를 보고 질문에 대답해 보세요.
The following people are your family. Look at the chart below and answer the questions.

나	할아버지	아버지	어머니	누나
	나이: 77 직업: 요리사 취미: 노래	나이: 57 직업: 경찰 취미: 낚시	나이: 55 직업: 회사원 취미: 등산	나이: 28 직업: 변호사 취미: 여행

새 단어
New Vocabulary

취미 hobby   낚시 fishing   등산 mountain climbing

1단원 2과 핵심 표현 1

학생 B
학생 A ⊙ p. 23

 그림을 보고 보기 와 같이 이야기해 보세요.
Create dialogues for the following pictures as shown in the example.

❶
할아버지는 어제 뭘 하셨어요?
친구의 질문에 대답하세요.
Tell your partner what your grandfather did yesterday.

보기
할아버지는 어제 시장에 가셨어요?
네, 가셨어요.

❷
할머니는 어제 뭘 하셨어요?
친구에게 질문하세요.
Ask your partner what their grandmother did yesterday.

	네	아니요
1) 7시에 일어나다	☐	☐
2) 공원에 가다	☐	☐
3) 컴퓨터를 하다	☐	☐
4) 음악을 듣다	☐	☐
5) 집에서 점심을 먹다	☐	☐

5단원 1과 과제 게임판

 → 자기소개를 해 보세요. | 여러분은 뭘 잘해요? 잘하는 것을 말해 보세요. | ✱ 친구에게 'V-아/어 주세요'로 말해 보세요. | 이번 주말에 뭘 할 거예요? 주말 계획을 말해 보세요.

한 번 쉬세요.

한국어로 색깔 5개를 말해 보세요. | 노래를 해 주세요.  | 여러분은 취미가 뭐예요? 취미를 소개해 보세요. | 지금 뭘 하고 싶어요? 지금 하고 싶은 것을 말해 보세요. | ✱ 친구에게 'V-아/어 주세요'로 말해 보세요.

앞으로 세 칸 가세요.

여러분이 좋아하는 것 3가지를 말해 보세요. | 반 친구 한 명의 얼굴을 그려 주세요.  | ✱ 친구에게 'V-아/어 주세요'로 말해 보세요 | 한 번 쉬세요. | 한국어 형용사를 5개 말해 보세요. *형용사(Adjective)

춤을 춰 주세요.

 ← 은행에서 하는 일을 3가지 말해 보세요. | 뒤로 두 칸 가세요.  | ✱ 친구에게 'V-아/어 주세요'로 말해 보세요. | 여러분의 가족을 소개해 보세요.

5단원 2과 과제 — 장소 카드

 공원

 극장

 도서관

 백화점

 시장

 식당

 서점

 커피숍

 학교

 회사

 노래방

 공항

 은행

 우체국

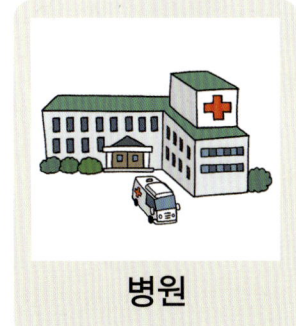 병원

6단원 1과 과제

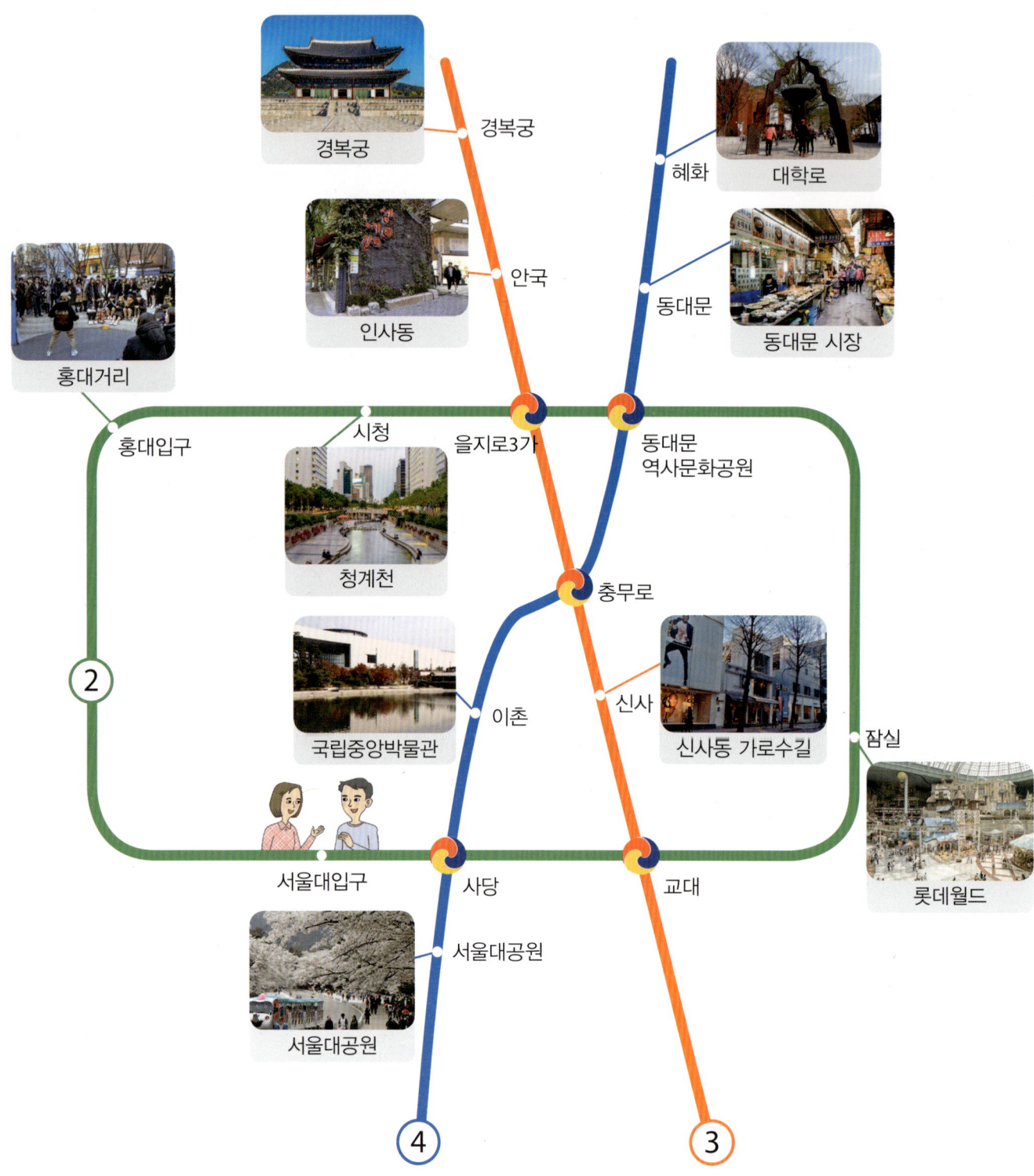

6단원 2과 과제

2. 여러분은 지금 지하철역 안에 있습니다. 아래의 지도를 보고 보기 와 같이 친구의 질문에 대답하세요.
   You are now in a subway station. Look at the map below and answer your partner's question as shown in the example.

3. 다음 장소에 어떻게 가는지 친구에게 물어보세요. 친구의 대답을 듣고 알맞은 위치를 위의 지도에 표시하세요. Ask your partner how to get to the following places. Listen to their response and mark the appropriate location on the map.

   빵집   도서관   마트

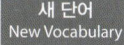 약국 pharmacy   미술관 art museum   빵집 bakery   꽃집 floral shop   스포츠센터 sports center

활동지 149

7단원 2과 과제 　　　　　　그림 카드

이야기 A

공부를 안 하다

시험을 잘 못 보다

아르바이트를 하다

부모님이 돈을 안 주다

N을/를 만나다

이야기 B

비행기를 놓치다

머리가 아프다

파티하다

늦잠을 자다

N을/를 만나다

이야기 C

교통사고가 나다

병원에 가다

비가 오다

다리를 다치다

N을/를 만나다

이야기 D

배고프다

날씨가 좋다

바다에 가다

지갑이 없다

N을/를 만나다

9단원 1과 과제

활동지 A

그림 카드

에바 · 아기 · 에밀리 · 케빈 · 라샨 · 올리버 · 스티안 · 미아 · 로렌 · 호세

인물 카드

에바	아기	에밀리	케빈	라샨

호세	로렌	올리버	스티안	미아

활동지 B

그림 카드

인물 카드

9단원 2과 핵심 표현 1

- 맥주를 마시면서 축구를 봐요.
- 음악을 들으면서 자전거를 타요.
- 샤워하면서 노래를 불러요.
- 친구하고 웃으면서 사진을 찍어요.
- 친구한테 울면서 전화를 해요.
- 걸으면서 한국어 단어를 외워요.
- 버스를 타고 가면서 숙제를 해요.
- 아이스크림을 먹으면서 책을 읽어요.
- 친구를 기다리면서 신문을 읽어요.
- 자면서 한국어로 이야기를 해요.
- 텔레비전 드라마를 보면서 운동을 해요.
- 라면을 먹으면서 휴대폰을 봐요.
- 요리책을 보면서 김밥을 만들어요.
- 사진을 보면서 그림을 그려요.

문장 카드

문법 해설 Grammar Reference

1단원 | 가족 Family

1과 이분은 우리 아버지세요 This person is my father

1. N(이)세요 p. 17

- '(이)세요'는 '이에요/예요'의 높임말로, 명사와 결합하여 문장의 주어가 되는 사람이 화자보다 나이가 많거나 지위가 높을 때 사용한다. '(이)세요' is an honorific form of '이에요/예요' and is used in conjunction with a noun to express that the subject of the sentence is older or has a higher social status than the speaker.

받침 ✕ + 세요	어머니 → 어머니세요
받침 ○ + 이세요	선생님 → 선생님이세요

이분은 우리 어머니**세요**.
우리 어머니는 요리사**세요**.
저분은 우리 선생님**이세요**.
우리 아버지는 공무원**이세요**.

- 주어가 '나, 저'와 같은 1인칭일 경우에는 사용할 수 없다. Cannot be used when the subject of the sentence is from a first-person narrative, such as '나, 저'.

저는 의사세요. (✕) → 저는 의사예요. (○)

2. A/V-(으)세요 p. 18

- '-(으)세요'는 '-아요/어요'의 높임말로, 형용사나 동사와 결합하여 문장의 주어가 되는 사람이 화자보다 나이가 많거나 지위가 높을 때 사용한다. '-(으)세요' is also an honorific form of '-아요/어요' and is used in conjunction with an adjective or a verb to express that the subject of the sentence is older or has a higher social status than the speaker.

받침 ✕, 'ㄹ' 받침 + -세요	친절하다 → 친절하세요 가다 → 가세요
받침 ○ + -으세요	멋있다 → 멋있으세요 읽다 → 읽으세요

박 선생님은 친절하**세요**.
우리 할아버지는 아주 멋있**으세요**.
우리 아버지는 영어를 가르치**세요**.
할머니는 아침에 신문을 읽**으세요**.

A: 언제 한국어를 배우**세요**?
B: 월요일하고 목요일에 배워요.

A: 한국 음악을 **들으세요**?
B: 네, 자주 들어요.

- 주어가 '나, 저'와 같은 1인칭일 경우에는 사용할 수 없다. Cannot be used when the subject of the sentence is from a first-person narrative, such as '나, 저'.

저는 신문사에서 일하세요. (✕)
→ 저는 신문사에서 일해요. (○)

2과 어머니는 전에 무슨 일을 하셨어요? What did your mother use to do?

1. A/V-(으)셨어요 p. 23

- '-(으)셨어요'는 '-았어요/었어요'의 높임말로, 형용사나 동사와 결합하여 문장의 주어가 되는 사람이 화자보다 나이가 많거나 지위가 높을 때 사용한다. '-(으)셨어요' is an honorific form of '-았어요/었어요' and is combined with an adjective or a verb. This form is used when the subject of the sentence is older or has a higher social status than the speaker.

받침 ✕, 'ㄹ' 받침 + -셨어요	친절하다 → 친절하셨어요 가다 → 가셨어요
받침 ○ + -으셨어요	멋있다 → 멋있으셨어요 읽다 → 읽으셨어요

할아버지는 지난주에 산에 가**셨어요**.
어머니는 아침에 신문을 읽**으셨어요**.
아버지는 어제 라디오를 들**으셨어요**.

A: 선생님, 주말에 뭐 하**셨어요**?
B: 저는 주말에 영화를 봤어요.

2. A/V-고 p. 24

- '-고'는 형용사나 동사와 결합하여 행위나 상태, 사실을 나열할 때 사용한다. 선행절과 후행절이 바뀌어도 의미는 같다. '-고' is used in conjunction with an adjective or verb to list actions, conditions, and facts. The meaning is the same even if the preceding and the subsequent clause changes.

  학생 식당 음식이 싸고 맛있어요.
  여름에는 날씨가 덥고 비가 많이 와요.
  저는 주말에 요리도 하고 청소도 해요.
  저는 영어를 배우고 형은 중국어를 배워요.

- 동사와 결합하여 두 가지 사건을 그 시간적 선후 관계에 따라 순차적으로 나열할 때 사용한다. 시제는 뒤에 오는 문장에만 표시한다.(1권 8단원) It is used in conjunction with a verb to list two events that occurred in chronological order. The tense is indicated only in the following sentence.(Level 1 Unit 8)

  저는 보통 숙제를 하고 텔레비전을 봐요.
  저는 아침에 밥을 먹고 학교에 가요.

  A: 어제 저녁에 뭐 했어요?
  B: 집에서 책을 읽고 잤어요.

2단원 | 쇼핑 Shopping

1과 한번 입어 보세요 Try it on

1. '―' 탈락 p. 31

- 어간이 모음 '―'로 끝나는 동사나 형용사에 '아/어'로 시작하는 어미가 오면 '―'가 탈락한다. When a verb or an adjective has an ending vowel of '―' and it is combined with an ending starting with '아/어', '―' is dropped leaving the final ending vowel of '아/어'.

	-고	-아요/어요	-았어요/었어요
바쁘다	바쁘고	바빠요	바빴어요
예쁘다	예쁘고	예뻐요	예뻤어요
쓰다	쓰고	써요	썼어요

지우 씨는 요즘 바빠요.
로렌 씨는 눈이 크고 예뻐요.
팅팅 씨는 지금 편지를 써요.
지금 배고파요. 아침을 안 먹었어요.
어제 다리가 많이 아팠어요.

2. V-아/어 보세요 p. 32

- '-아/어 보세요'는 어떤 행동을 시험적으로 해 볼 것을 권유할 때 사용한다. '-아/어 보세요' is used to suggest that someone try something on an experimental basis.

ㅏ, ㅗ + -아 보세요	가다 → 가 보세요
하다 → 해 보세요	운동하다 → 운동해 보세요
그 외 모음 + -어 보세요	먹다 → 먹어 보세요

우리 고향에 한번 와 보세요. 아주 아름다워요.

A: 한국에서 어디가 좋아요?
B: 제주도를 여행해 보세요.

비빔밥을 한번 먹어 보세요. 정말 맛있어요.
이 책이 재미있어요. 한번 읽어 보세요.

A: 그 음악 좋아요?
B: 네. 한번 들어 보세요.

- '보다'는 보통 '봐 보세요'의 형태로 사용하지 않고 '보세요'를 쓴다. When the verb is '보다', just say '보세요', not '봐 보세요'.

A: 요즘 무슨 영화가 재미있어요?
B: 이 영화가 재미있어요. 한번 보세요.

2과 더 긴 치마는 없어요? Isn't there a longer skirt?

1. A-(으)ㄴ N p. 37

- '-(으)ㄴ'은 형용사와 결합하여 명사 앞에서 그 명사를 수식한다. 명사의 성격이나 상태를 구체화할 때 사용한다. '-(으)ㄴ' is used in conjunction with an adjective to modify the noun that follows it. It is used to specify the nature or condition of a noun.

받침 ✗, 'ㄹ' 받침 + -ㄴ N	크다 + 가방 → 큰 가방
받침 ○ + -은 N	좋다 + 친구 → 좋은 친구
있다/없다 + -는 N	재미있다 + 이야기 → 재미있는 이야기

그 가게에는 **큰** 가방이 없어요.
한국에서 **좋은** 친구를 많이 만났어요.
저는 **따뜻한** 날씨를 좋아해요.
어제 재미있**는** 이야기를 들었어요.
주말에 **긴** 치마를 샀어요.

A: 어떤 음식을 좋아해요?
B: 저는 **매운** 음식을 좋아해요.

2. 'ㄹ' 탈락   p. 38

- 'ㄹ' 받침으로 끝나는 동사나 형용사는 어미와 결합할 때 매개모음 '으'를 넣지 않는다. 그리고 'ㄴ, ㅂ, ㅅ'으로 시작하는 어미가 오면 'ㄹ' 받침이 탈락한다. When a verb or adjective ends in 'ㄹ' consonant, an exception is made in which '으' is not added, not following the regular conjugation rule. Also, when it is combined with endings that begin with the consonants 'ㄴ, ㅂ, ㅅ', the ending consonant 'ㄹ' is dropped.

부모님은 부산에서 **사**세요.

A: 박 선생님 전화번호를 **아**세요?
B: 네, 알아요.

어머니는 지금 케이크를 만**드**세요.
날씨가 추워요. **긴** 바지를 입으세요.
부산에서 **사**는 친구가 서울에 왔어요.
학교에서 집이 **멉**니다.

- '-(으)ㄹ까요?', '-(으)ㄹ 거예요' 등 '-(으)ㄹ' 형태의 어미와 결합할 때 'ㄹ' 받침이 탈락한다. When a verb or adjective ends in 'ㄹ' consonant and is combined with endings such as '-(으)ㄹ까요?', '-(으)ㄹ 거예요', the ending consonant 'ㄹ' is dropped.

A: 오늘 저녁에 같이 김밥을 만들까요?
B: 미안해요. 오늘은 시간이 없어요.

저는 다음 달부터 부산에서 살 거예요.

3단원 | 여행 Travel

1과 날씨가 좋으면 한라산에 갈 거예요
If the weather is nice, I'm going to go to Hallasan

1. V-(으)ㄹ 거예요   p. 45

- '-(으)ㄹ 거예요'는 미래 계획이나 의지를 나타낸다.
  '-(으)ㄹ 거예요' indicates a future plan or will to do something.

받침 ✗, 'ㄹ' 받침 + -ㄹ 거예요	가다 → 갈 거예요
받침 ○ + -을 거예요	읽다 → 읽을 거예요

수업 끝나고 명동에 **갈 거예요**.
오늘부터 매일 운동**할 거예요**.
내일 집에서 책을 **읽을 거예요**.
저녁에 집에서 한국 음식을 **만들 거예요**.

A: 오늘 극장에서 영화를 **볼 거예요**?
B: 아니요. 집에서 음악을 **들을 거예요**.

- '-(으)실 거예요'는 '-(으)ㄹ 거예요'에 주체를 높이는 의미를 가진 '-(으)시-'가 결합된 형태로 문장의 주어가 화자보다 나이가 많거나 지위가 높을 때 사용한다.
  '-(으)실 거예요' is the honorific form of '-(으)ㄹ 거예요' which combines '-(으)시-' with '-(으)ㄹ 거예요' when the subject of the sentence is older or of higher social status than the speaker.

아버지는 내일 은행에 가실 거예요.

A: 이 옷을 언제 입으실 거예요?
B: 이번 주말에 입을 거예요.

2. A/V-(으)면   p. 46

- '-(으)면'은 조건이나 가정을 나타낸다. '-(으)면' indicates a condition or assumption.

받침 ✗, 'ㄹ' 받침 + -면	바쁘다 → 바쁘면 일어나다 → 일어나면
받침 ○ + -으면	좋다 → 좋으면 먹다 → 먹으면

아침에 일어나**면** 먼저 물을 마셔요.
오늘 바쁘**면** 내일 만나요.

문법 해설 **157**

내일 날씨가 좋**으면** 등산할 거예요.
저는 초콜릿을 먹**으면** 기분이 좋아요.
5분 더 걸**으면** 은행이 있어요.
내일 날씨가 더**우면** 수영을 할 거예요.
고향 음식을 만**들면** 친구들하고 같이 먹어요.

저는 커피를 좋아하**지 않아요**.
오늘 저녁을 먹**지 않을** 거예요.

A: 돈을 바꿨어요?
B: 아니요, 아직 바꾸**지 않았어요**.

2과 막국수는 강원도에서 많이 먹는 음식이에요
Makguksu is a food that's eaten a lot in Gangwondo

1. V-는 N p. 51

- '-는'은 동사와 결합하여 명사를 수식한다. 명사의 성격이나 상태를 구체화할 때 사용한다. '-는' modifies a noun in conjunction with a verb. It is used to specify the nature or condition of a noun.

저기 차를 마시**는** 사람이 에밀리 씨예요.
쉬**는** 시간이 너무 짧아요.
저는 노래를 잘하**는** 사람이 멋있어요.

A: 어떤 사람을 좋아해요?
B: 저는 옷을 잘 입**는** 사람을 좋아해요.

제가 자주 만드**는** 음식은 볶음밥이에요.

- 관형절의 주어는 '은/는'이 아니라 '이/가'를 쓴다. '이/가' is attached to the subject of the sentence in an adnominal clause instead of '은/는'.

한국 사람들**이** 매일 먹는 음식은 김치예요.
올리버 씨**가** 지금 읽는 책은 한국 역사 책이에요.

A: 지금 무슨 음악을 들어요?
B: **제가** 지금 듣는 음악은 케이팝이에요.

2. A/V-지 않다 p. 52

- '-지 않다'는 앞선 행위나 상태를 부정하는 뜻을 나타낸다. '-지 않다' is used to indicate a denial of an action or condition.

제 방이 크**지 않아요**.
호텔이 깨끗하**지 않아요**.

A: 한국어 공부가 힘들어요?
B: 아니요, 별로 힘들**지 않아요**.

4단원 | 취미 Hobbies

1과 테니스를 배우고 싶어요 I want to learn tennis

1. 못 V p. 59

- '못'은 뒤따르는 동사가 의미하는 동작을 할 수 없음을 나타낼 때 사용한다. '못' is used to indicate that the corresponding verb cannot be performed.

저는 피아노를 **못** 쳐요.
유카 씨는 오늘 파티에 **못** 와요.
로렌 씨는 김치를 **못** 먹어요.
어제 숙제를 **못** 했어요.

A: 점심을 먹었어요?
B: 아니요, 아직 **못** 먹었어요.

2. V-고 싶다 p. 60

- '-고 싶다'는 화자가 자신의 희망을 나타낼 때, 또는 상대방의 희망을 물어볼 때 사용한다. '-고 싶다' is used to indicate the speaker's desire or to ask someone about their desire.

부산에 여행을 가**고 싶어요**.
저는 케이크를 만들**고 싶어요**.

A: 어떤 영화를 보**고 싶어요**?
B: 재미있는 영화를 보**고 싶어요**.

A: 뭘 먹**고 싶어요**?
B: 불고기를 먹**고 싶어요**.

2과 저는 등산하는 걸 좋아해요 I like to go hiking

1. V-는 것
p. 65

- '-는 것'은 동사와 결합하여 동사를 명사 형태로 바꿔 준다. 말할 때는 주로 '-는 거'를 사용한다. '-는 것' is combined with a verb to convert it into a noun. When speaking, '-는 거' is usually used.

  제 취미는 기타 치는 거예요.
  저는 사진 찍는 거 좋아해요.

  A: 수영하는 거 좋아해요?
  B: 네, 좋아해요. 하지만 잘 못해요.

  어제 불고기 만드는 거 배웠어요.

- '구어에서는 '-는 것이', '-는 것을', '-는 것은'을 각각 '-는 게', '-는 걸', '-는 건'으로 줄여서 말하는 경우가 많다. When speaking, often times '-는 것이', '-는 것을', '-는 것은' are abbreviated as '-는 게', '-는 걸', '-는 건', respectively.

  저는 한국어 공부하는 것이 재미있어요.
  → 저는 한국어 공부하는 게 재미있어요.

  저는 등산하는 것을 좋아해요.
  → 저는 등산하는 걸 좋아해요.

  바다에 가는 것은 좋아하지만 산에 가는 것은 안 좋아해요.
  → 바다에 가는 건 좋아하지만 산에 가는 건 안 좋아해요.

2. A/V-지만
p. 66

- '-지만'은 두 가지 반대되는 사실이나 내용을 말할 때 사용한다. '-지만' is used to describe two opposing facts or content.

  옷을 사고 싶지만 돈이 없어요.
  그 식당 음식이 맛있지만 너무 비싸요.
  언니는 영어를 잘하지만 저는 잘 못해요.
  에바 씨는 어제 학교에 왔지만 투이 씨는 안 왔어요.

  A: 시험 잘 봤어요?
  B: 아니요, 열심히 공부했지만 잘 못 봤어요.

5단원 | 은행과 우체국 Bank and Post Office

1과 통장을 만들고 싶은데요
I want to open an account

1. A-(으)ㄴ데요, V-는데요, N인데요
p. 73

- '-(으)ㄴ데요', '-는데요', '인데요'는 어떤 사실을 전달하면서 청자의 반응을 기대할 때 사용한다. '-(으)ㄴ데요', '-는데요', '인데요' are used to convey a certain fact and expect a reaction from the listener.

	형용사	동사	명사
받침 ×	크다 → 큰데요	가다 → 가는데요	친구다 → 친구인데요
받침 ○	작다 → 작은데요	먹다 → 먹는데요	학생이다 → 학생인데요

A: 옷이 좀 큰데요.
B: 그럼 작은 거로 드릴까요?

A: 김 선생님을 만나고 싶은데요.
B: 잠깐만 기다리세요.

A: 음식이 맵지 않아요?
B: 저는 안 매운데요.

A: 지우 씨 전화번호 알아요?
B: 모르는데요.

A: 매운 음식을 잘 먹어요?
B: 아니요, 잘 못 먹는데요.

A: 집이 멀어요?
B: 아니요, 학교 근처에 사는데요.

- '있다, 없다'로 끝나는 형용사는 '-는데요'와 결합한다. Adjectives ending in '있다, 없다' are combined with '-는데요'.

A: 여권 있으세요?
B: 네, 있는데요.

A: 영화가 재미있어요?
B: 아니요, 재미없는데요.

- 형용사와 동사는 과거 시제일 때 모두 '-는데요'와 결합한다. Adjectives and verbs are combined with '-는데요' to form the past tense.

  A: 어제 바빴어요?
  B: 아니요, 별로 안 바빴는데요.
  A: 우리 저 영화 볼까요?
  B: 저는 봤는데요.

2. V-아/어 주세요 p. 74

- '-아/어 주세요'는 상대방에게 도움을 구하거나 공손하게 요청할 때 사용한다. '-아/어 주세요' is used when seeking assistance or making a polite request.

ㅏ, ㅗ + -아 주세요	닫다 → 닫아 주세요
하다 → 해 주세요	전화하다 → 전화해 주세요
그 외 모음 + -어 주세요	읽다 → 읽어 주세요

너무 추워요. 창문을 좀 닫아 주세요.
제 생일 파티에 와 주세요.
지금은 좀 바쁜데요. 내일 다시 전화해 주세요.
죄송하지만 사진 좀 찍어 주세요.
중국어를 좀 가르쳐 주세요.
이 돈을 달러로 바꿔 주세요.
선생님, 단어를 칠판에 써 주세요.
제 이야기를 좀 들어 주세요.

2과 소포를 부치러 왔어요 I came to mail a package

1. V-(으)러 가다/오다 p. 79

- '-(으)러 가다/오다'는 이동하는 목적을 나타낸다. '-(으)러 가다/오다' is used to indicate the purpose of movement.

받침 ×, 'ㄹ' 받침 + -러 가다/오다	보다 → 보러 가다/오다
받침 ○ + -으러 가다/오다	먹다 → 먹으러 가다/오다

시장에 옷을 사러 가요.
어제 공원에 운동하러 갔어요.
A: 한국에 왜 왔어요?
B: 한국어를 배우러 왔어요.

책을 읽으러 도서관에 갈 거예요.
시간 있으면 우리 집에 놀러 오세요.

A: 어디 가요?
B: 태권도 수업을 들으러 가요.

2. N(으)로 p. 80

- '(으)로'는 어떤 행위의 도구나 수단, 방법을 나타낸다. '(으)로' is used to indicate a method of action or means.

받침 ×, 'ㄹ' 받침 + 로	버스 → 버스로
받침 ○ + 으로	젓가락 → 젓가락으로

친구하고 한국어로 이야기해요.
휴대폰으로 사진을 찍었어요.
인터넷으로 호텔을 예약했어요.
우리 나라에서는 젓가락으로 밥을 먹어요.
편지를 연필로 썼어요.
지하철로 학교에 가요.

6단원 | 교통 Transportation

1과 청계천에 어떻게 가야 돼요?
How do I get to Cheonggyecheon?

1. '르' 불규칙 p. 87

- 어간이 '르'로 끝나는 동사나 형용사에 '아/어'로 시작하는 어미가 오면 'ㅡ'가 탈락하고 'ㄹ'이 추가된다. '르' 불규칙 용언에는 '빠르다, 다르다, 자르다, 모르다, 부르다, 배부르다' 등이 있다. When the stem of a verb or adjective that ends in '르' is followed by a sentence ending of '아/어', the 'ㅡ' is being dropped and 'ㄹ' is added. '빠르다, 다르다, 자르다, 모르다, 부르다, 배부르다' are the examples that follow the '르' irregular rule.

	-아요/어요	-았어요/었어요	-고	-(으)면
빠르다	빨라요	빨랐어요	빠르고	빠르면
다르다	달라요	달랐어요	다르고	다르면
자르다	잘라요	잘랐어요	자르고	자르면
모르다	몰라요	몰랐어요	모르고	모르면
부르다	불러요	불렀어요	부르고	부르면

지하철을 타는 게 더 **빨라요**.
저하고 형은 성격이 **달라요**.
어제 머리를 **잘랐어요**.

A: 김 선생님 전화번호 알아요?
B: 아니요, 저도 **몰라요**.

에밀리 씨는 노래를 잘 **불러요**.
점심에 밥을 너무 많이 먹었어요. 지금도 배**불러요**.

2. V - 아야/어야 되다 p. 88

- '-아야/어야 되다'는 어떤 행위에 대한 의무나 필요성을 나타낼 때 사용한다. '-아야/어야 되다' is used to indicate an obligation or necessity for an action.

ㅏ, ㅗ + -아야 되다	가다 → 가야 돼요
하다 → 해야 되다	공부하다 → 공부해야 돼요
그 외 모음 + -어야 되다	읽다 → 읽어야 돼요

수업이 끝나고 아르바이트하러 **가야 돼요**.

A: 내일 몇 시까지 **와야 돼요**?
B: 9시까지 오세요.

다음 주까지 여권을 만들**어야 돼요**.
한국어 공부를 **해야 돼요**. 다음 주에 시험이 있어요.

A: 얼마나 더 **가야 돼요**?
B: 10분쯤 더 **걸어야 돼요**.

주말에 보고서를 **써야 돼요**.

- '-아야/어야 되다'는 '-아야/어야 하다'를 쓰기도 한다. 이때 문어나 격식적인 상황에서는 '-아야/어야 하다'를 주로 사용한다. '-아야/어야 되다' can also be stated as '-아야/어야 하다'. '-아야/어야 하다' is mainly used in written form or formal situations.

내일 몇 시까지 와야 돼요?

9시까지 와야 돼요.

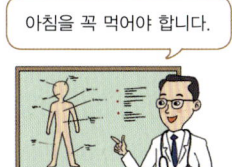
아침을 꼭 먹어야 합니다.

2과 횡단보도를 건너서 오른쪽으로 가세요
Cross the crosswalk and turn right

1. V - 아서/어서 p. 93

- '-아서/어서'는 어떤 일이 시간적으로 이어서 일어남을 나타낼 때 사용한다. 어떤 동작을 하고 그와 관계가 있는 다른 동작을 이어서 하는 것을 의미한다. '-아서/어서' is used to indicate preceding and subsequent event take place in a continuous fashion. It means to perform one action and to carry out another action related to it.

ㅏ, ㅗ + -아서	가다 → 가서
하다 → 해서	요리하다 → 요리해서
그 외 모음 + -어서	만들다 → 만들어서

어제 친구를 만**나서** 차를 마셨어요.
소고기를 **사서** 불고기를 만들었어요.
주말에 도서관에 **가서** 공부할 거예요.
집에 **와서** 점심을 먹고 숙제를 했어요.
저는 요리**해서** 먹는 것을 좋아해요.
어제 케이크를 만들**어서** 동생하고 먹었어요.
도서관에서 책을 빌**려서** 읽었어요.

A: 오늘 아침에 일어**나서** 뭐 했어요?
B: 일어**나서** 샤워했어요.

- 선행절과 후행절의 주어가 같아야 한다. The subject of the preceding clause and the subsequent clause must be the same.

팅팅 씨는 음식을 만들었어요. 그리고 팅팅 씨는 그 음식을 먹었어요.
→ 팅팅 씨는 음식을 만들어서 먹었어요. (○)

팅팅 씨는 음식을 만들었어요. 그리고 유카 씨는 그 음식을 먹었어요.
→ 팅팅 씨는 음식을 만들어서 유카 씨는 먹었어요. (×)

- 과거 시제 '-았/었-'과 함께 쓰지 않는다. It is not used with the past tense '-았/었-'.

저는 어제 친구를 만났어요. + 친구하고 공부를 했어요.
→ 저는 어제 친구를 만났어서 공부를 했어요. (×)
→ 저는 어제 친구를 만나서 공부를 했어요. (○)

- '-아서/어서'와 '-고' 비교 Compare '-아서/어서' and '-고'

  '-아서/어서'는 두 동작 중 앞선 동작이 뒤에 이어질 동작의 전제가 됨을 나타낼 때 사용한다. '-아서/어서' is used to indicate that the preceding movement is the premise for the subsequent movement.

  친구를 만나서 점심을 먹었어요.

  '-고'는 두 동작의 연관성 없이 단지 시간 순서에 따라 나타낼 때 사용한다. '-고' is used to indicate time sequence only without any relation between the two actions.

  친구를 만나고 점심을 먹었어요.

- '입다, 신다, 매다' 등의 착용 동사와 '타다'는 이동을 나타내는 '가다/오다'와 함께 쓸 때 '입고 가다, 신고 가다, 매고 가다, 타고 가다'와 같이 연결 어미 '-고'를 사용한다. When verbs associated with putting on things '입다, 신다, 매다' and the verb '타다' are used with verbs that indicate going/coming '가다/오다', they are connected using '-고'.

  코트를 입어서 가요. (×)
  코트를 입고 가요. (○)

  버스를 타서 와요. (×)
  버스를 타고 와요. (○)

2. N에서 N까지 p. 94

- 'N에서 N까지'는 공간 이동의 시작과 끝을 나타낼 때 사용한다. '에서'는 출발점을 나타내고 '까지'는 도착점을 나타낸다. 'N에서 N까지' is used to indicate the beginning and end of the spatial movement. '에서' indicates the starting point and '까지' indicates the destination.

  A: 집에서 학교까지 어떻게 가요?
  B: 걸어서 가요.

  A: 서울에서 제주도까지 얼마나 걸려요?
  B: 비행기로 한 시간쯤 걸려요.

  여기에서 백화점까지 택시를 타고 갔어요.

  A: 학교에서 지하철역까지 가까워요?
  B: 아니요, 멀어요.

- 주로 '에서'와 '까지'가 짝을 이뤄 같이 사용되지만, 각각 단독으로 사용될 수도 있다. Usually, '에서' and '까지' are paired together, but they can also be used independently.

  A: 어느 나라에서 왔어요?
  B: 독일에서 왔어요.

  A: 집까지 어떻게 가요?
  B: 걸어서 가요.

- 시간의 시작과 끝을 나타낼 때는 'N부터 N까지'를 사용한다.(1권 8단원) Use 'N부터 N까지' to indicate the beginning and end of time.(Level 1 Unit 8)

  한국어 수업은 아홉 시부터 한 시까지 있어요.

7단원 | 병원 Hospital

1과 내일 모임에 올 수 있어요?
Can you come to our gathering tomorrow?

1. V-(으)ㄹ 수 있다/없다 p. 101

- '-(으)ㄹ 수 있다'는 어떤 일이 일어날 가능성이나 어떤 일을 할 만한 능력이 있음을 나타낸다. 가능성이 없거나 능력이 없음을 나타낼 때에는 '-(으)ㄹ 수 없다' 또는 '못'을 사용한다. '-(으)ㄹ 수 있다' is used to indicate the possibility of something happening or the ability to do something. '-(으)ㄹ 수 없다' or '못' is used to indicate that there is no possibility or no ability.

받침 ×, 'ㄹ' 받침 + -ㄹ 수 있다/없다	가다 → 갈 수 있다/없다
받침 ○ + -을 수 있다/없다	읽다 → 읽을 수 있다/없다

저는 영어와 중국어를 **할 수 있어요**.
사무실에 가면 김 선생님을 만**날 수 있어요**.
저는 한자를 읽**을 수 있어요**.
학생증이 없으면 책을 빌**릴 수 없어요**.
A: 한국 음식을 만**들 수 있어요**?
B: 네, 만**들 수 있어요**. 저는 불고기를 잘 만들어요.
어제 다리를 다쳤어요. 그래서 지금 걸**을 수 없어요**.

2. V-지 마세요 p. 102

- '-지 마세요'는 어떤 행위를 금지함을 나타낸다. '-지 마세요' is used to indicate that an action is prohibited.

여기에 주차하**지 마세요**.
기숙사에서 담배를 피우**지 마세요**.
여기에서 수영하**지 마세요**.
박물관에서 사진을 찍**지 마세요**.
아이스크림을 너무 많이 먹**지 마세요**.

2과 목이 아파서 왔어요
I came because I have a sore throat

1. A/V-아서/어서 p. 107

- '-아서/어서'는 앞의 내용이 뒤에 오는 내용의 원인이나 이유임을 나타낸다. '-아서/어서' is used to indicate the cause or reason for a subsequent result.

ㅏ, ㅗ + -아서	많다 → 많아서 일어나다 → 일어나서
하다 → 해서	피곤하다 → 피곤해서 공부하다 → 공부해서
그 외 모음 + -어서	없다 → 없어서 먹다 → 먹어서

극장에 사람이 많**아서** 표를 못 샀어요.
목이 아**파서** 약을 먹었어요.
요즘 피곤**해서** 일찍 자요.
오늘 숙제가 없**어서** 좋아요.
옷을 많이 **사서** 돈이 없어요.

열심히 공부**해서** 시험을 잘 봤어요.
아침을 안 먹**어서** 배가 고파요.
너무 많이 걸**어서** 다리가 아파요.
A: 왜 김치를 안 먹었어요?
B: 너무 매**워서** 못 먹었어요.

- 명령문이나 청유문은 '-아서/어서'의 후행절로 올 수 없다. A command or imperative sentence cannot be followed by '-아서/어서'.

맛있어서 많이 드세요. (×)
날씨가 좋아서 산에 갈까요? (×)
팅팅 씨, 저 영화가 재미있어서 같이 봐요. (×)

- 과거 시제를 나타내는 '-았/었-'과 함께 쓰지 않는다. It isn't combined with '-았/었-' to indicate the past tense.

늦게 일어났어서 지각했어요. (×)
→ 늦게 일어나서 지각했어요. (○)

2. N(이)라서 p. 108

- '(이)라서'는 앞의 내용이 뒤에 오는 내용의 원인이나 이유임을 나타낸다. '(이)라서' is used to indicate the cause or reason for a subsequent result.

받침 × + 라서	휴가 → 휴가라서
받침 ○ + 이라서	방학 → 방학이라서

내일 휴가**라서** 회사에 안 가요.
요즘 방학**이라서** 수업이 없어요.
A: 왜 도서관에 사람이 많아요?
B: 시험 기간**이라서** 그래요.

8단원 | 한국 생활 Korean Life

1과 저는 힘들 때 음악을 듣거나 친구하고 이야기해요
When I'm having a hard time, I listen to music or talk to a friend

1. A/V-(으)ㄹ 때 p. 115

- '-(으)ㄹ 때'는 어떤 행위나 상황이 계속되는 시간 또는 그런 일이 일어난 경우를 나타낸다. '-(으)ㄹ 때' is used to indicate the time that an action or situation lasts or occurs.

받침 ×, 'ㄹ' 받침 + -ㄹ 때	바쁘다 → 바쁠 때 오다 → 올 때
받침 ○ + -을 때	많다 → 많을 때 읽다 → 읽을 때

저는 공부**할 때** 음악을 들어요.
저는 기분이 좋**을 때** 노래를 해요.
수업이 없**을 때** 운동하러 가요.
샌드위치를 만**들 때** 토마토가 필요해요.
날씨가 더**울 때** 수영장에 가요.
저는 공원에서 걸**을 때** 기분이 좋아요.

2. V -거나 V, N(이)나 N   p. 116

- '-거나'와 '(이)나'는 앞의 것이나 뒤의 것 중에서 하나를 선택함을 나타낸다. '-거나' and '(이)나' are used to indicate selection of the former or latter choice.

받침 × + -거나	가다 → 가거나
받침 ○ + -거나	먹다 → 먹거나

내일 오후에 도서관에 가**거나** 친구를 만날 거예요.
친구를 만나면 영화를 보**거나** 쇼핑을 해요.
맛있는 음식을 먹**거나** 운동을 하면 기분이 좋아요.
저는 주말에 책을 읽**거나** 음악을 들어요.

받침 × + 나	사과 → 사과나 배
받침 ○ + 이나	빵 → 빵이나 과일

점심에 보통 샌드위치**나** 김밥을 먹어요.
티셔츠**나** 스웨터를 살 거예요.
볼펜**이나** 연필 있어요?

A: 우리 언제 만날까요?
B: 토요일**이나** 일요일 어때요?

2과 시험을 볼 때 연필로 써도 돼요?
May I use a pencil on the test?

1. V -아도/어도 되다   p. 121

- '-아도/어도 되다'는 어떤 행위에 대한 허용이나 허락을 나타낸다. '-아도/어도 되다' is used to request permission or consent to do something.

ㅏ, ㅗ + -아도 되다	가다 → 가도 되다
하다 → 해도 되다	전화하다 → 전화해도 되다
그 외 모음 + -어도 되다	먹다 → 먹어도 되다

A: 문을 닫**아도 돼요**?
B: 네, 닫**아도 돼요**.

미나 씨, 제 컴퓨터를 사용**해도 돼요**.

A: 여기에서 사진을 찍**어도 돼요**?
B: 네, 찍**어도 돼요**.

A: 내일도 병원에 가야 돼요?
B: 아니요, 안 **가도 돼요**.

- '되다' 대신에 '괜찮다'를 사용해도 의미가 비슷하다.
'괜찮다' is interchangeable with '되다'.

여기 앉아도 괜찮아요?

A: 선생님, 화장실에 가도 돼요?
B: 네, 가도 괜찮아요.

2. V -(으)면 안 되다   p. 122

- '-(으)면 안 되다'는 어떤 행위에 대해 허용이나 허락을 하지 않음을 나타낸다. '-(으)면 안 되다' is used to indicate that an action is not allowed.

받침 ×, 'ㄹ' 받침 + -면 안 되다	보다 → 보면 안 되다
받침 ○ + -으면 안 되다	먹다 → 먹으면 안 되다

시험을 볼 때 휴대폰을 보**면 안 돼요**.
술을 마시고 운전하**면 안돼요**.
박물관에서 사진을 찍**으면 안 돼요**.

A: 이거 먹어도 돼요?
B: 아니요, 먹**으면 안 돼요**.

기숙사에서 큰 소리로 음악을 들**으면 안 돼요**.
숙제가 많아서 이번 주말에는 놀**면 안 돼요**.

9단원 | 전화 Telephone

1과 여보세요, 거기 서울대학교지요?
Hello, is this Seoul National University?

1. N(이)지요?, A/V – 지요?   p. 129

- '–지요?'는 자신이 알고 있는 내용에 대해 사실을 확인하여 물을 때 사용한다. 확인의 '–지요?'에 대한 대답에 '–지요'로 대답하지 않는다. '–지요?' is used to confirm what you know is true or not. Do not answer a '–지요?' question with '–지요'.

	명사	형용사	동사
받침 ×	학교 → 학교지요?	예쁘다 → 예쁘지요?	가다 → 가지요?
받침 ○	식당 → 식당이지요?	좋다 → 좋지요?	먹다 → 먹지요?

A: 여기가 서울대학교**지요**?
B: 네, 서울대학교예요.

A: 양양 씨는 중국 사람**이지요**?
B: 네, 중국 사람이에요.

A: 오늘 날씨가 따뜻하**지요**?
B: 네, 따뜻해요.

A: 한국어가 어렵**지요**?
B: 네, 조금 어려워요.

A: 지금 눈이 오**지요**?
B: 아니요, 안 와요.

A: 매운 음식을 먹**지요**?
B: 네, 잘 먹어요.

- 과거 시제일 때 형용사와 동사는 '–았지요/었지요?', 명사는 '이었지요/였지요?'로 말한다. For the past tense, say '–았지요/었지요?' for adjectives and verbs, and '이었지요/였지요?' for nouns.

A: 여행이 재미있**었지요**?
B: 네, 아주 재미있었어요.

A: 시험이 다 끝**났지요**?
B: 네, 다 끝났어요.

A: 어제가 팅팅 씨 생일**이었지요**?
B: 아니요, 오늘이 생일이에요.

- 미래 시제일 때 '–(으)ㄹ 거지요?'로 말한다. For the future tense, say '–(으)ㄹ 거지요?'.

A: 이번 방학에 고향에 **갈 거지요**?
B: 네, 갈 거예요.

A: 내일 같이 저녁을 먹**을 거지요**?
B: 네, 먹을 거예요.

- '–지요?'는 말할 때 '–죠?'로 줄여 말할 수 있다. When speaking, '–지요?' can be shortened to '–죠?'.

요즘 날씨가 많이 춥지요? → 요즘 날씨가 많이 춥죠?
저기가 도서관이지요? → 저기가 도서관이죠?

2. N한테/에게/께   p. 130

- '한테/에게'는 사람이나 동물을 나타내는 명사에 붙어 주어의 동작이 미치는 대상임을 나타낸다. 말할 때에는 '에게'에 비해 '한테'가 더 많이 쓰인다. 동작이 미치는 대상이 높임의 대상일 경우에는 '께'를 사용한다. '한테/에게' is attached to a noun that represents a person or animal, indicating that it is the indirect object of action. When speaking, it is more common to say '한테' than '에게'. When the indirect object of the action is older or of higher social status than the subject, then '께' is used.

어제 동생**한테** 소포를 보냈어요.
여자 친구**에게** 꽃을 선물했어요.
아버지가 저**에게** 그 책을 주셨어요.
숙제를 몰라서 선생님**께** 전화했어요.

A: 누가 팅팅 씨 전화번호를 알아요?
B: 에밀리 씨**한테** 전화해 보세요.

- 동작이 미치는 대상이 장소일 경우 '에'를 사용한다. Use '에' if the object of an action is a place.

친구 집**에** 소포를 보냈어요.
학교 사무실**에** 전화해서 물어보세요.

- 동작의 출발점이 되는 대상임을 나타낼 때에는 '한테서', '에게서'를 사용한다. 동작의 출발점이 되는 대상이 높임의 대상인 경우에는 '께'를 사용한다. Use '한테서', '에게서' to indicate the starting point of an action. If the object of the action is older or of higher social status than the subject, use '께'.

어제 친구**한테서** 문자를 받았어요.
부모님**께** 용돈을 받았어요.

2과 차 마시면서 책 읽고 있어요
I'm reading a book while drinking tea

1. V-(으)면서 p. 135

- '-(으)면서'는 두 개의 동작을 동시에 함을 표현할 때 사용한다. '-(으)면서' is used to express two concurrent actions.

받침 ×, 'ㄹ' 받침 + -면서	마시다 → 마시면서
받침 ○ + -으면서	읽다 → 읽으면서

아침에 학교에 가**면서** 단어를 외워요.
운전을 하**면서** 전화하면 안 돼요.
어제 친구하고 저녁을 먹**으면서** 이야기했어요.
케빈 씨는 매일 음악을 들**으면서** 운동해요.
영화가 너무 슬퍼서 울**면서** 봤어요.

- 선행절과 후행절의 주어가 같아야 한다. The subject of the preceding clause and subsequent clause must be the same.

저는 책을 읽으면서 친구는 음악을 들어요. (×)
→ 저는 책을 읽고 친구는 음악을 들어요. (○)

- '-(으)면서' 앞에는 과거 시제를 사용하지 않는다. 시제는 뒤에 오는 문장에만 쓴다. Do not use the past tense in front of '-(으)면서'. Past tense is only used at the end of the sentence.

어제 팝콘을 먹었으면서 영화를 봤어요. (×)
→ 어제 팝콘을 먹으면서 영화를 봤어요. (○)

2. V-고 있다 p. 136

- '-고 있다'는 어떤 동작이 현재 진행되고 있음을 나타낸다. '-고 있다' is used to indicate an action that is currently happening.

아기가 방에서 자**고 있어요**. 조용히 해 주세요.
팅팅 씨는 지금 저녁을 먹**고 있어요**.
A: 다쿠야 씨는 지금 뭐 하**고 있어요**?
B: 도서관에서 공부하**고 있어요**.

- 어떤 동작이 현재를 포함하여 일정 기간 반복, 지속되는 경우에도 '-고 있다'를 사용할 수 있다. Even if an action is repeated for a certain period of time, including the present, it is possible to use '-고 있다'.

저는 요즘 주말에 테니스를 배우**고 있어요**.
동생은 지금 고등학교에 다니**고 있어요**.
저는 지금 기숙사에 살**고 있어요**.

- 문장의 주어가 화자보다 나이나 사회적 지위가 높은 경우 '-고 계시다'를 사용한다. When the subject of the sentence is older or of higher social status than the speaker, then use '-고 계시다'.

아버지는 지금 방에서 전화하**고 계세요**.
A: 김 선생님은 지금 뭐 하세요?
B: 교실에서 학생하고 이야기하**고 계세요**.

- 과거는 '-고 있었다'로 나타낸다. '-고 있었다' is used to indicate the past tense.

어제 친구가 공부할 때 서는 책을 읽고 **있었어요**.
A: 오늘 아침에 학교 앞에서 뭐 하**고 있었어요**?
B: 친구를 기다리**고 있었어요**.

듣기 지문 Listening Transcript

1단원 | 가족 Family

1과 이분은 우리 아버지세요

1. 잘 듣고 누구인지 쓰세요. Track 04

여기는 우리 집이에요. 할아버지는 지금 방에서 텔레비전을 보세요. 어머니는 지금 요리를 하세요. 아버지는 신문을 읽으세요. 그리고 할머니는 음악을 들으세요. 누나는 지금 집에 없어요. 회사에 갔어요.

2. 잘 듣고 질문에 답하세요. Track 05

여자 호세 씨는 가족이 어떻게 되세요?
남자 아버지, 어머니하고 형이 한 명, 여동생이 한 명 있어요.
여자 아버지는 무슨 일을 하세요?
남자 기자세요. 신문사에 다니세요.
여자 여동생은 학생이에요?
남자 네, 미국에서 대학교에 다녀요.
여자 이 사람이 호세 씨 형이에요?
남자 네, 우리 형이에요. 변호사예요.

3. 잘 듣고 맞는 사진을 고르세요. Track 06

1) 이거는 우리 가족사진이에요. 우리 가족은 모두 네 명이에요. 남편하고 저, 아들이 한 명, 딸이 한 명 있어요. 남편은 경찰이에요. 아들은 여덟 살이에요. 그리고 딸은 다섯 살이에요. 저는 우리 가족을 아주 많이 사랑해요.

2) 우리 가족은 모두 다섯 명이에요. 어머니하고 누나가 한 명, 여동생이 두 명 있어요. 우리 가족은 지금 미국에 있어요. 어머니는 회사에 다니시고, 누나는 의사예요. 그리고 여동생들은 대학생이에요. 저는 우리 가족을 정말 사랑해요.

2과 어머니는 전에 무슨 일을 하셨어요?

1. 잘 듣고 시간 순서에 따라 번호를 쓰세요. Track 10

남자 아딜라 씨, 수업 끝나고 뭐 했어요?
여자 점심을 먹고 도서관에서 숙제했어요.
남자 그리고 집에 갔어요?
여자 아니요. 저녁에 친구를 만났어요. 친구하고 명동에서 쇼핑을 하고 영화를 봤어요.
남자 영화가 재미있었어요?
여자 네, 재미있었어요.

2. 잘 듣고 질문에 답하세요. Track 11

남자 지우 씨, 내일 뭐 해요?
여자 부모님 댁에 가요. 내일이 어머니 생신이에요.
남자 부모님 댁이 서울이에요?
여자 아니요, 부산이에요. 아버지가 부산에서 회사에 다니세요.
남자 어머니는 무슨 일을 하세요?
여자 주부세요. 전에는 은행에 다니셨어요.
남자 어머니 선물은 샀어요?
여자 네, 모자를 샀어요. 어머니가 모자를 좋아하세요.
남자 그래요? 잘 다녀오세요.
여자 네, 고마워요. 다음에 봐요.

3. 잘 듣고 연결하세요. Track 12

1) 이분은 우리 할머니세요. 일흔여덟이세요. 할머니는 전에 요리사셨어요. 지금은 일을 안 하세요. 집에 계세요. 할머니는 지난달부터 컴퓨터를 배우세요. 그래서 요즘 매일 컴퓨터를 하세요.

2) 이분은 우리 할아버지세요. 여든하나세요. 할아버지는 전에 컴퓨터 회사에서 일하셨어요. 할아버지는 낚시를 정말 좋아하세요. 저는 할아버지하고 자주 낚시를 해요. 정말 재미있어요.

3) 토요일은 어머니 생신이었어요. 우리 어머니는 쉰다섯이세요. 어머니는 전에 경찰이셨어요. 어머니는 영화를 좋아하세요. 그래서 아버지하고 자주 극장에 가세요.

2단원 | 쇼핑 Shopping

1과 한번 입어 보세요

1. 잘 듣고 알맞은 그림과 연결하세요. Track 16

1) 남자 학생 식당이 어때요?
   여자 음식이 싸고 맛있어요. 한번 가 보세요.

2) 남자 한국어가 너무 어려워요.
   여자 이 책으로 공부해 보세요. 쉽고 재미있어요.

3) 남자 아, 이거 너무 매워요.
   여자 괜찮아요? 물을 좀 마셔 보세요.
4) 남자 그 노래 어때요?
   여자 정말 좋아요. 한번 들어 보세요.

2. 잘 듣고 질문에 답하세요. Track 17

남자 어서 오세요.
여자 저 치마 얼마예요?
남자 지금 세일해서 8만 원이에요.
여자 좀 비싸네요. 이 바지는 얼마예요?
남자 4만 원이에요. 한번 입어 보세요.
여자 아, 제 옷이 아니에요. 어머니 선물이에요.
남자 그러세요? 그럼 이 바지는 어때요? 편하고 예뻐요. 어머니들이 아주 좋아하세요.
여자 그건 얼마예요?
남자 5만 원이에요.
여자 네, 그럼 그거로 주세요.

3. 잘 듣고 맞으면 ○, 틀리면 ×표 하세요. Track 18

저는 쇼핑을 좋아해요. 그런데 우리 집 근처에는 옷가게가 없어요. 그래서 저는 동대문 시장에 자주 가요. 그곳은 옷가게가 많고 아주 커요. 남자 옷하고 여자 옷이 모두 있어요. 옷이 싸고 멋있어요. 동대문 근처에는 식당이 많이 있어요. 거기에 한국 음식도 있고 외국 음식도 있어요. 저는 지난 주말에 친구하고 동대문에서 옷을 샀어요. 그리고 중국 식당에서 저녁을 먹었어요. 아주 재미있었어요. 여러분도 쇼핑을 좋아하세요? 그럼 동대문에 한번 가 보세요.

2과 더 긴 치마는 없어요?

1. 잘 듣고 알맞은 그림을 고르세요. Track 22

1) 남자 유미 씨는 어떤 머리를 좋아해요?
   여자 저는 긴 머리를 좋아해요.
2) 남자 에바 씨는 어떤 구두를 많이 신어요?
   여자 저는 낮은 구두를 많이 신어요.
3) 남자 지우 씨는 추운 날씨를 좋아해요?
   여자 아니요, 저는 더운 날씨를 좋아해요.
4) 남자 팅팅 씨는 밝은색 옷을 좋아해요?
   여자 아니요, 저는 어두운색 옷을 좋아해요.

2. 남자는 어떤 운동화를 샀습니까?
잘 듣고 알맞은 그림을 고르세요. Track 23

여자 어서 오세요.
남자 저 까만색 운동화 얼마예요?
여자 5만 원이에요. 한번 신어 보세요.
…
여자 어떠세요?
남자 색깔하고 디자인은 좋아요. 그런데 좀 불편해요.
여자 그럼 이거 한번 신어 보세요. 이게 더 가볍고 편해요.
남자 네, 정말 편하네요. 그런데 이 디자인으로 다른 색깔은 없어요?
여자 회색하고 파란색이 있어요.
남자 파란색이 더 좋네요. 이거로 주세요.
여자 네, 여기 있어요. 감사합니다.

3. 이 사람은 누구입니까?
잘 듣고 번호를 쓰세요. Track 24

1) 남자 미나 씨가 누구예요?
   여자 저 사람이 미나 씨예요. 빨간색 원피스를 입었어요.
2) 남자 저 사람이 파스칼 씨예요? 까만색 모자를 썼어요.
   여자 아니요, 파스칼 씨는 모자를 안 썼어요. 까만색 티셔츠를 입고 갈색 바지를 입었어요.
3) 남자 누가 단단 씨예요?
   여자 저기 있네요. 짧은 머리에 하얀색 코트를 입었어요.
4) 남자 마이클 씨가 누구예요?
   여자 마이클 씨요? 저쪽에 있어요. 회색 모자를 쓰고 파란색 바지를 입었어요.

3단원 | 여행 Travel

1과 날씨가 좋으면 한라산에 갈 거예요

1. 이 사람은 무엇을 할 것입니까?
잘 듣고 연결하세요. Track 28

1) 여자 올리버 씨, 방학을 하면 뭐 할 거예요?
   남자 이번 방학에는 기타를 배울 거예요.
2) 남자 팅팅 씨, 주말에 시간 있으면 같이 영화 볼까요?

	여자	아, 미안해요. 주말에는 도서관에서 공부할 거예요. 다음 주에 시험이 있어요.
3)	여자	다쿠야 씨, 오늘 저녁에 뭐 할 거예요?
	남자	비가 안 오면 공원에서 산책할 거예요.
4)	남자	저는 돈이 많으면 차를 살 거예요. 에밀리 씨는요?
	여자	음… 저는 돈이 많으면 여행을 많이 할 거예요.

2. 잘 듣고 질문에 답하세요. Track 29

여자	케빈 씨, 여행 준비는 많이 했어요?
남자	네. 지금 인터넷에서 호텔을 예약했어요.
여자	언제 가요?
남자	다음 주말이요. 비행기 표는 어제 예매했어요.
여자	저도 지난 방학에 싱가포르에 갔다 왔어요. 싱가포르는 맛있는 음식이 아주 많아요. 맛집을 좀 찾아봤어요?
남자	아직 안 찾아봤어요. 오늘 오후에 여행 책을 하나 살 거예요.
여자	우리 집에 여행 책이 있어요. 제 책을 보세요.
남자	그래요? 고마워요.
여자	돈은 바꿨어요?
남자	아니요, 공항에서 바꿀 거예요.

3. 잘 듣고 누구의 이야기인지 표시하세요. Track 30

남자	지우 씨는 휴가가 언제예요?
여자	저는 이번 주말부터 다음 주 수요일까지예요. 다쿠야 씨는요?
남자	저는 다음 달이에요. 휴가에 어디 가요?
여자	프랑스에 갈 거예요. 거기에 친구가 있어요.
남자	아, 그래요? 거기에서 뭘 할 거예요?
여자	박물관에 많이 갈 거예요. 저는 그림을 좋아해요. 다쿠야 씨는 뭐 할 거예요?
남자	저는 이번 휴가에 서울에 있을 거예요.
여자	고향에 안 가요?
남자	네. 고향 친구들이 한국에 올 거예요. 친구들이 오면 서울에서 구경할 거예요.

2과 막국수는 강원도에서 많이 먹는 음식이에요

1. 이 사람은 누구입니까?
잘 듣고 번호를 쓰세요. Track 34

여자	민준 씨, 그게 뭐예요?
남자	제 친구들 사진이에요.
여자	여기 음악을 듣는 사람은 누구예요?
남자	그 친구는 민수예요. 음악을 좋아하는 친구예요.
여자	그 옆에 있는 친구는요?
남자	이야기하는 친구요?
여자	아니요, 빵 먹는 친구요.
남자	아, 진우예요. 공부를 아주 잘하는 친구예요.
여자	뒤에서 휴대폰을 보는 친구는 누구예요?
남자	성준이에요. 제 룸메이트예요.

[2-3] 다음은 에바의 여행 이야기입니다.
잘 듣고 질문에 답하세요.

2. 잘 듣고 빈칸에 알맞은 대답을 쓰세요. Track 35

안녕하세요? 여러분은 여행을 좋아하세요? 저는 여행을 정말 좋아해요. 오늘 여러분께 제 여행 이야기를 할 거예요. 저는 지난주에 태국에 갔다 왔어요. 여행을 좋아하는 사람들이 태국에 많이 가요. 구경거리도 많고 음식도 맛있어요. 저는 동생하고 같이 갔어요. 아주 재미있었어요.

3. 잘 듣고 질문에 답하세요. Track 36

저하고 동생은 공항에서 택시를 타고 호텔로 갔어요. 호텔은 별로 멀지 않았어요. 우리는 배가 많이 고팠어요. 그래서 가까운 식당에 갔어요. 식당에서 태국 사람들이 많이 먹는 요리를 먹었어요. 우리는 점심을 먹고 시장에 갔어요. 시장에는 구경하는 사람들이 정말 많았어요. 시장에서 쇼핑도 하고 시원한 주스도 마셨어요. 저녁에는 태국에서 공부하는 친구를 만났어요. 같이 공원에서 산책을 했어요. 날씨가 별로 덥지 않았어요. 기분이 아주 좋았어요.

4단원 | 취미 Hobbies

1과 테니스를 배우고 싶어요

1. 잘 듣고 보기 와 같이 이 사람이 잘하는 것은 ○, 못 하는 것은 ×표 하세요. Track 40

1)	여자	양양 씨, 기타를 잘 쳐요?
	남자	네. 2년 전부터 배웠어요.
	여자	피아노도 쳐요?
	남자	아니요, 못 쳐요. 배우고 싶어요.
2)	여자	올리버 씨는 무슨 운동을 잘해요?
	남자	저는 스키를 잘 타요.
	여자	그럼 스케이트도 잘 타요?
	남자	아니요, 스케이트는 못 타요.
3)	남자	에바 씨, 일본어를 해요?

여자 아니요, 못 해요. 그런데 중국어는 잘해요.
남자 아, 그래요?
여자 네. 중국에서 3년 살았어요.

2. 잘 듣고 이 사람이 하고 싶어 하는 것을 골라 번호를 쓰세요. Track 41

1) 남자 시험이 끝나면 뭘 할 거예요?
   여자 집에서 책을 읽고 싶어요.

2) 남자 에밀리 씨, 시간이 있으면 뭘 하고 싶어요?
   여자 여행을 하고 싶어요. 부산하고 제주도에 가고 싶어요.

3) 여자 민준 씨, 이번 주 토요일에 같이 농구할까요?
   남자 음, 이번 주말에는 집에서 쉬고 싶어요. 요즘 잘 못 쉬었어요.

4) 여자 호세 씨, 이번 주말에 뭐 하고 싶어요?
   남자 비가 오지 않으면 낚시를 하고 싶어요.

3. 잘 듣고 맞으면 O, 틀리면 ×표 하세요. Track 42

남자 투이 씨, 방학에 뭘 했어요?
여자 동아리 친구들하고 자전거도 타고 등산도 했어요.
남자 투이 씨는 등산을 자주 해요?
여자 네. 저는 등산을 좋아해요. 케빈 씨는 방학에 뭘 했어요?
남자 저는 일본에 갔다 왔어요.
여자 저도 가 보고 싶어요. 케빈 씨는 일본어를 잘해요?
남자 아니요, 못 해요. 그래서 좀 불편했어요.
여자 거기에서 뭐 했어요?
남자 친구하고 같이 맛있는 음식도 많이 먹고 스키도 탔어요. 투이 씨는 스키를 타요?
여자 아니요, 못 타요. 케빈 씨는 스키를 잘 타요?
남자 네. 고등학교 때 스키 선수였어요.

2과 저는 등산하는 걸 좋아해요

1. 잘 듣고 이 사람이 좋아하는 것을 골라 연결하세요. Track 46

1) 여자 양양 씨는 취미가 뭐예요?
   남자 제 취미는 낚시하는 거예요.

2) 남자 로렌 씨, 그림을 잘 그려요?
   여자 네. 제 취미가 그림 그리는 거예요.

3) 남자 미아 씨는 보통 주말에 뭐 해요?
   여자 집에서 책을 읽어요. 저는 밖에 나가는 걸 별로 안 좋아해요.

4) 여자 케빈 씨, 노래하는 거 좋아해요?
   남자 아니요, 음악을 듣는 건 좋아하지만 제가 하는 건 안 좋아해요.

2. 잘 듣고 질문에 답하세요. Track 47

여자 올리버 씨, 저기 저 사람은 누구예요?
남자 저기 커피 마시는 사람요?
여자 아니요, 그 옆에 기타 치는 사람요.
남자 아, 스티븐 씨요? 왜요?
여자 전 기타를 잘 치는 사람이 멋있어요.
남자 아, 스티븐 씨는 결혼했어요. 참, 지우 씨는 취미가 뭐예요?
여자 제 취미는 야구하는 거예요.
남자 그럼 저기 저 남자는 어때요?
여자 누구요? 저기 전화하는 사람요?
남자 네, 호세 씨예요. 호세 씨도 야구하는 거 좋아해요. 한번 만나 보세요.

3. 잘 듣고 질문에 답하세요. Track 48

남자 와, 이 사진 미나 씨가 찍었어요?
여자 네. 작년 겨울에 고향에서 찍었어요.
남자 정말 멋있어요. 미나 씨 사진 잘 찍네요.
여자 아니에요. 그냥 사진 찍는 걸 좋아해요.
남자 여행하는 거도 좋아해요?
여자 네. 친구들하고 하는 여행도 좋지만 저는 자주 혼자 여행을 가요.
남자 혼자 여행을 하면 무섭지 않아요?
여자 처음에는 좀 그랬지만 지금은 괜찮아요. 다쿠야 씨는 취미가 뭐예요?
남자 저는 그림 그리는 거 좋아해요.
여자 그래요? 저는 그림 보는 걸 좋아해요. 다쿠야 씨는 그림을 잘 그려요?
남자 아니요, 좋아하지만 잘 못 그려요.

5단원 | 은행과 우체국 Bank and Post Office

1과 통장을 만들고 싶은데요

1. 다쿠야 씨가 병원에 있습니다. 잘 듣고 맞는 사람을 찾아 번호를 쓰세요. Track 52

1) 남자 다쿠야 씨, 더워요?
   남자 네. 양양 씨, 창문 좀 열어 주세요.

2) 여자 우리 드라마 볼까요?
   남자 네, 좋아요. 팅팅 씨가 텔레비전 좀 켜 주세요.

3) 여자 오늘 학교에서 이거 배웠어요. 한번 보세요.
   남자 좀 어렵네요. 투이 씨가 가르쳐 주세요.

4) 남자 문을 닫을까요?
   남자 네, 좀 시끄럽네요. 민준 씨, 문 좀 닫아 주세요.

2. 잘 듣고 질문에 답하세요. Track 53

여자 어서 오세요. 뭘 도와드릴까요?
남자 체크 카드를 만들고 싶은데요.
여자 통장이 있으세요?
남자 네, 있어요.
여자 그럼 통장하고 신분증 주세요.
남자 지금 여권이 없는데요. 외국인 등록증도 괜찮아요?
여자 네, 괜찮아요. 통장하고 외국인 등록증 주세요.
남자 네, 여기 있어요.
여자 이 신청서를 써 주세요. 그리고 여기에 서명을 해 주세요.
남자 네, 알겠습니다.

3. 잘 듣고 맞으면 ○, 틀리면 ×표 하세요. Track 54

여자 케빈 씨, 은행이 몇 시까지 해요?
남자 4시까지 하는데요. 왜요?
여자 제가 다음 주에 중국으로 여행을 가요. 그래서 돈을 좀 바꾸고 싶어요.
남자 지금은 은행이 문을 닫았어요. 인터넷 환전을 한번 해 보세요.
여자 인터넷 환전요?
남자 네. 인터넷 환전을 하면 싸고 편해요.
여자 그래요? 그럼 좀 가르쳐 주세요.
남자 네, 알겠어요.

2과 소포를 부치러 왔어요

1. 잘 듣고 알맞은 장소와 연결하세요. Track 58

1) 남자 유카 씨, 어디에 가요?
   여자 신발 사러 가요.

2) 남자 지우 씨, 어디에 가요?
   여자 돈 바꾸러 은행에 가요.

3) 남자 투이 씨, 학교에 가요?
   여자 아니요. 커피숍에 아르바이트하러 가요.

4) 남자 미아 씨, 점심 먹었어요?
   여자 아니요. 지금 먹으러 가요. 안 먹었으면 식당에 같이 가요.

2. 잘 듣고 빈칸에 알맞은 말을 쓰세요. Track 59

남자 어떻게 오셨어요?
여자 소포를 부치러 왔는데요.
남자 어디로 보내실 거예요?
여자 미국으로 보낼 거예요.
남자 안에 뭐가 있어요?
여자 책하고 옷이 있어요. 배로 보내면 얼마예요?
남자 잠깐만 기다리세요. 배로 보내시면 21,000원이고 한 달쯤 걸려요.
여자 네, 배로 보내 주세요.

3. 잘 듣고 맞으면 ○, 틀리면 ×표 하세요. Track 60

남자 투이 씨, 어디 가요?
여자 외국인 등록증 신청하러 가요. 그런데 양양 씨, 저녁에 아딜라 씨 생일 파티에 가요?
남자 네, 갈 거예요. 그런데 아직 선물을 못 샀어요. 투이 씨는 샀어요?
여자 아니요. 외국인 등록증 신청하고 사러 갈 거예요.
남자 그럼 오후에 같이 사러 갈까요?
여자 좋아요. 그럼 우리 학교 앞에 있는 커피숍에서 만나요.
남자 네, 좋아요.

6단원 | 교통 Transportation

1과 청계천에 어떻게 가야 돼요?

1. 이 사람은 뭘 해야 됩니까?
알맞은 것을 골라 번호를 쓰세요. Track 64

1) 여자 민준 씨, 오늘 같이 점심 먹을까요?
   남자 오늘은 안 돼요. 수업 끝나고 선생님을 만나야 돼요.

2) 여자 다쿠야 씨, 저녁에 같이 노래방에 갈까요?
   남자 주말에 가요. 오늘은 공부해야 돼요. 내일 시험이 있어요.

3) 남자 에밀리 씨, 내일 팅팅 씨 생일 파티에 올 거예요?
   여자 아니요, 못 가요. 내일 공항에 가야 돼요. 부모님이 오세요.
4) 남자 로렌 씨, 시간 있으면 같이 영화 보러 가요.
   여자 미안해요. 저도 가고 싶지만 지금 머리 자르러 가야 돼요.

2. 잘 듣고 다음 장소가 어느 역에 있는지 이름을 쓰세요.
Track 65

1) 남자 백화점이 어디에 있어요?
   여자 지하철 2호선을 타고 삼성역에서 내리세요. 거기에 큰 백화점이 있어요.
2) 남자 유카 씨 집에 어떻게 가야 돼요?
   여자 지하철 4호선을 타세요. 그리고 충무로역에서 3호선으로 갈아타고 신사역에서 내리세요.
3) 여자 여보세요? 양양 씨, 지금 어디예요?
   남자 저 지금 시청역인데요. 여기에서 남대문 시장까지 어떻게 가야 돼요?
   여자 거기에서 지하철 1호선을 타고 서울역에서 4호선으로 갈아타세요. 그리고 회현역에서 내리세요.
   남자 네, 감사합니다. 이따 봐요.
4) 여자 올리버 씨, 수업 끝나고 뭐 해요?
   남자 박물관에 갈 거예요. 팅팅 씨도 시간 있으면 같이 가요.
   여자 그래요? 저도 가고 싶어요. 박물관에 어떻게 가요?
   남자 서울대입구역에서 지하철을 타야 돼요. 그리고 사당역에서 4호선으로 갈아타고 이촌역에서 내려요.

3. 잘 듣고 질문에 답하세요.
Track 66

여자 민준 씨, 어제 뭐 했어요?
남자 친구하고 같이 N서울타워에 갔어요.
여자 아, 저도 이번 주말에 갈 거예요. 민준 씨는 케이블카를 탔어요?
남자 아니요, 안 탔어요.
여자 그럼 어떻게 갔어요?
남자 지하철을 타고 갔어요. 동대입구역에서 내려서 버스로 갈아탔어요. 그리고 걸어서 갔어요.
   케이블카를 타고 싶으면 어떻게 가야 돼요?
여자 명동역에 케이블카 타는 곳이 있어요. 거기에서 케이블카를 타면 15분쯤 걸려요.

2과 횡단보도를 건너서 오른쪽으로 가세요

**1. 양양 씨는 오늘 무엇을 했습니까?
잘 듣고 순서에 맞게 번호를 쓰세요.**
Track 70

양양 씨는 오늘 아침 7시에 일어나서 샤워를 했어요. 그리고 8시에 버스를 타고 학교에 갔어요. 9시부터 1시까지 한국어 수업을 들었어요. 그리고 지하철을 타고 강남역에 갔어요. 거기에서 친구를 만나서 점심을 먹고 영화를 봤어요. 9시쯤 집에 돌아와서 숙제를 하고 잤어요.

2. 잘 듣고 연결하세요.
Track 71

1) 남자 죄송하지만 이 근처에 우체국이 있어요?
   여자 네. 앞으로 쭉 가세요. 그리고 사거리에서 왼쪽으로 가세요. 그럼 오른쪽에 있어요.
   남자 여기에서 멀어요?
   여자 아니요. 걸어서 5분쯤 걸려요.
2) 여자 실례지만 서울시장이 어디에 있어요?
   남자 2번 출구로 나가서 쭉 가세요. 그리고 사거리에서 왼쪽으로 가면 있어요.
   여자 여기에서 시장까지 얼마나 걸려요?
   남자 10분쯤 걸려요.
3) 남자 저기요. 여기에서 서점까지 어떻게 가야 돼요?
   여자 저 앞에 있는 횡단보도를 건너서 오른쪽으로 쭉 가세요. 서점은 옷가게 옆에 있어요.
   남자 얼마나 걸려요?
   여자 걸어서 7분쯤 걸려요.

3. 잘 듣고 질문에 답하세요.
Track 72

여자 케빈 씨, 내일 뭐 할 거예요?
남자 내일은 집에서 쉴 거예요. 왜요?
여자 그럼 우리 집에 저녁 먹으러 오세요. 친구들하고 같이 중국 음식을 만들어서 먹을 거예요.
남자 좋아요. 그런데 팅팅 씨 집이 어디예요?
여자 봉천역 근처에 있어요. 봉천역 1번 출구로 나가서 쭉 가세요. 그리고 횡단보도를 건너서 왼쪽으로 가면 병원 옆에 행복아파트가 있어요. 우리 집은 106동 602호예요.
남자 역에서 집까지 얼마나 걸려요?
여자 걸어서 10분쯤 걸려요.
남자 네. 그럼 토요일에 봐요.

7단원 | 병원 Hospital

1과 내일 모임에 올 수 있어요?

1. 잘 듣고 알맞은 그림을 찾아 번호를 쓰세요. Track 76

1) 남자 배가 좀 아파요.
   여자 그럼 아이스크림을 먹지 마세요.
2) 남자 이 옷 어때요?
   여자 색깔이 너무 어두워요. 사지 마세요.
3) 남자 창문을 좀 열까요?
   여자 열지 마세요. 너무 추워요.
4) 남자 요즘 눈이 아파요.
   여자 휴대폰을 너무 많이 보지 마세요. 눈에 안 좋아요.
5) 남자 밖에 눈이 많이 와요.
   여자 그래요? 그럼 운전하지 마세요.

2. 잘 듣고 질문에 답하세요. Track 77

남자 어서 오세요. 어떻게 오셨어요?
여자 안녕하세요? 여기에서 아르바이트를 하고 싶은데요.
남자 아, 네. 어느 나라 사람이세요?
여자 중국에서 왔어요. 외국인도 아르바이트를 할 수 있어요?
남자 네. 한국어를 잘하시네요. 그런데 다른 외국어도 할 수 있어요?
여자 네, 영어를 할 수 있어요. 호주에서 1년쯤 살았어요.
남자 잘됐네요. 우리 가게에 외국 손님이 많아요. 그런데 오전 시간에 일할 수 있어요?
여자 오전에는 학교에 가야 돼서 못 하고 오후와 저녁 시간에만 일할 수 있어요.
남자 그래요? 그럼 주말에도 일할 수 있어요?
여자 네, 할 수 있어요.
남자 좋아요. 그럼 이번 주 토요일부터 오후 3시에 나오세요.
여자 아, 네. 감사합니다.

3. 잘 듣고 맞으면 O, 틀리면 ×표 하세요. Track 78

여자 케빈 씨, 왜 그래요? 어디 아파요?
남자 네, 목이 좀 아파요.
여자 감기에 걸렸어요?
남자 네. 어제부터 좀 춥고 머리도 아파요.
여자 저도 지난주에 목이 아팠어요.
남자 유카 씨도요?
여자 네. 그래서 병원에도 가고 약도 먹었어요.
남자 지금은 괜찮아요?
여자 네, 괜찮아요. 케빈 씨는 병원에 갔어요?
남자 아니요. 약국에서 약을 사서 먹었어요. 내일 시험 끝나고 병원에 갈 거예요.
여자 그래요? 너무 무리하지 마세요.
남자 네, 알겠어요.

2과 목이 아파서 왔어요

1. 잘 듣고 여자가 어디가 아픈지 모두 찾아 번호를 쓰세요. Track 82

1) 남자 어디가 아프세요?
   여자 배가 아프고 열이 많이 나요.
2) 남자 어디가 아프세요?
   여자 머리가 아파요. 콧물도 좀 나고요.
3) 남자 어떻게 오셨어요?
   여자 목이 많이 아파서 왔는데요.
   남자 기침도 하세요?
   여자 네, 기침도 조금 해요.
4) 남자 어떻게 오셨어요?
   여자 허리가 아파서 왔는데요.
   남자 다리도 아프세요?
   여자 네, 다리도 좀 아파요.

2. 잘 듣고 등산을 갈 수 없는 이유를 찾아 연결하세요. Track 83

1) 여자 다쿠야 씨, 내일 뭐 해요? 우리 등산 갈까요?
   남자 미안해요. 다음 주가 시험이라서 공부해야 돼요.
2) 여자 양양 씨, 내일 같이 등산 갈까요?
   남자 내일 동아리 모임이 있어서 학교에 가야 돼요. 다음에 같이 가요.
3) 여자 민준 씨, 내일 시간 있어요? 등산 갈까요?
   남자 미안해요, 로렌 씨. 지금 감기에 걸려서 좀 아파요. 내일은 집에서 쉬고 싶어요.
4) 여자 케빈 씨, 내일 등산 갈까요?
   남자 지난주에 다리를 다쳐서 등산은 힘들어요. 같이 영화 볼까요?
   여자 좋아요.

3. 잘 듣고 질문에 답하세요. Track 84

여자 여기 앉으세요. 어떻게 오셨어요?
남자 어깨가 아파서 왔는데요.
여자 언제부터 아프셨어요?
남자 일주일 전부터 아팠어요.
여자 요즘 운동을 많이 하셨어요?
남자 아니요. 학교 숙제가 많아서 컴퓨터를 좀 많이 했어요.
여자 컴퓨터를 많이 하면 목하고 어깨에 안 좋아요. 너무 많이 하지 마세요.
남자 네, 알겠습니다. 월요일에 병원에 다시 와야 돼요?
여자 주말에 약을 드시고 계속 아프면 다시 오세요.
남자 네, 감사합니다. 안녕히 계세요.

8단원 | 한국 생활 Korean Life

1과 저는 힘들 때 음악을 듣거나 친구하고 이야기해요

1. 잘 듣고 알맞은 그림과 연결하세요. Track 88

1) 남자 미아 씨는 외로울 때 어떻게 해요?
   여자 저는 외로울 때 재미있는 영화를 봐요.
2) 남자 안나 씨는 슬플 때 어떻게 해요?
   여자 저는 그럴 때 음악을 들어요.
3) 남자 에밀리 씨는 화가 날 때 어떻게 해요?
   여자 저는 화가 날 때 매운 음식을 먹어요.
4) 남자 지우 씨는 기분이 나쁠 때 어떻게 해요?
   여자 저는 그럴 때 노래를 불러요.

2. 잘 듣고 질문에 답하세요. Track 89

남자 투이 씨, 오랜만이에요. 그동안 잘 지냈어요?
여자 네, 잘 지냈어요.
남자 시험은 다 끝났어요?
여자 아니요, 내일 끝나요. 민준 씨는요?
남자 전 어제 끝났어요. 투이 씨, 이번 방학에 고향에 갈 거예요?
여자 아니요, 안 가요. 이번 방학에는 아르바이트를 할 거예요.
남자 부모님이 보고 싶지 않아요?
여자 많이 보고 싶어요. 요즘 좀 외롭고 힘들어서 더 보고 싶어요. 저는 그럴 때 부모님하고 전화로 이야기해요. 민준 씨는 힘들 때 어떻게 해요?
남자 저는 그럴 때 테니스를 치거나 달리기를 해요. 운동을 하면 기분이 좋아요.

3. 잘 듣고 맞으면 ○, 틀리면 ×표 하세요. Track 90

여러분은 한국 드라마를 보세요? 저는 고향에서 한국 드라마를 자주 봤어요. 드라마를 보고 한국을 더 알고 싶어서 지난달에 한국에 왔어요. 요즘도 매일 한국 드라마를 봐요. 학교 숙제를 다 하고 노트북으로 드라마를 볼 때 기분이 좋아요. 제가 가장 좋아하는 배우는 김하나예요. 김하나는 노래도 잘해서 드라마 노래도 불렀어요. 저는 김하나를 꼭 만나 보고 싶어요. 여러분도 시간이 있거나 스트레스를 받을 때 한국 드라마를 한번 보세요. 정말 재미있고 한국어도 배울 수 있어서 좋아요.

2과 시험을 볼 때 연필로 써도 돼요?

1. 잘 듣고 상황에 맞는 그림을 찾아 번호를 쓰세요. Track 94

1) 남자 여기에 주차해도 돼요?
   여자 아니요, 하면 안 돼요.
2) 남자 공원에서 담배를 피워도 돼요?
   여자 아니요, 담배를 피우면 안 돼요.
3) 남자 저기요. 여기에서 사진을 찍으면 안 돼요.
   여자 네, 알겠습니다.
4) 남자 손님, 버스에서 음식을 드시면 안 되는데요.
   여자 아, 그래요? 몰랐어요. 죄송해요.

2. 잘 듣고 여자가 지금 해도 되는 일에는 ○, 하면 안 되는 일에는 ×표 하세요. Track 95

남자 어서 오세요, 에밀리 씨.
여자 안녕하세요? 다쿠야 씨, 친구들은 아직 안 왔어요?
남자 네, 아직 안 왔어요. 여기 앉아서 차하고 케이크 좀 드세요.
여자 고마워요. 그런데 다쿠야 씨, 이 노트북 좀 잠깐 써도 돼요?
남자 아, 그건 룸메이트 노트북이라서 쓰면 안 돼요. 어떡하죠?
여자 괜찮아요. 이따가 집에 가서 해도 돼요. 다쿠야 씨, 이 사진 좀 봐도 돼요?
남자 그럼요. 보세요.
여자 이 사람이 다쿠야 씨예요? 멋있네요. 그런데 집이 여자 좀 덥네요. 창문 좀 열어도 돼요?
남자 물론이지요. 열어도 돼요

3. 잘 듣고 맞으면 ○, 틀리면 ×표 하세요. Track 96

여기는 제가 사는 기숙사예요. 전에는 아파트에 살았지만 너무 멀어서 기숙사로 이사했어요. 기숙사는 혼자 사는 곳이 아니라서 하면 안 되는 일들이 있어요. 먼저, 기숙사에서는 큰 소리로 노래를 부르거나 담배를 피우면 안 돼요. 그리고 방에서 요리를 하면 안 돼요. 요리를 하고 싶으면 1층에 있는 부엌에서 요리해야 돼요. 그래서 조금 불편하지만 기숙사에 살면 좋은 것이 많아요. 방값이 싸고 학교에서 가까워서 조금 늦게 일어나도 돼요. 힘들 때는 학교 버스를 탈 수 있어서 편해요. 저는 기숙사에서 계속 살고 싶어요.

9단원 | 전화 Telephone

1과 여보세요, 거기 서울대학교지요?

1. 잘 듣고 전화를 맞게 걸었으면 ○, 잘못 걸었으면 ×표 하세요. Track 100

1) 남자 여보세요. 지우 씨 휴대폰이지요?
   여자 네, 전데요.
2) 남자 여보세요. 아딜라 씨 휴대폰이지요?
   여자 아닌데요.
3) 남자 여보세요. 거기 민준 씨 집이지요?
   여자 네, 그런데요.
4) 남자 여보세요. 거기 서울식당이지요?
   여자 여기는 서울서점입니다.

2. 잘 듣고 질문에 답하세요. Track 101

여자 다쿠야 씨, 왜 그래요? 뭐 찾아요?
남자 아… 가방 안에 지갑이 없어요.
여자 네? 지갑이 없어요?
남자 네. 아까 식당에 갈 때는 가방 안에 있었어요.
여자 그럼 식당에 빨리 전화해 보세요.
남자 네.
…
남자 여보세요. 거기 전주식당이지요?
여자 네, 그런데요.
남자 죄송하지만 거기에 지갑 하나 없어요?

여자 혹시 빨간색 지갑 말씀이세요?
남자 아니요, 까만색 지갑이에요. 안에 카드 두 장하고 2만 원이 있어요.
여자 잠깐만요. 그런 지갑은 없는데요.
남자 아, 그래요? 혹시 화장실에도 없어요?
여자 잠깐만 기다리세요. 화장실에도 없는데요.
남자 네, 알겠습니다. 혹시 찾으면 이 전화번호로 연락해 주세요.
여자 네, 알겠습니다.

3. 잘 듣고 누구의 이야기인지 표시하세요. Track 102

남자 어, 지우 씨, 왔어요?
여자 네, 올리버 씨. 지금 뭐 해요?
남자 아… 여자 친구한테 문자 보내요. 여자 친구가 조금 화가 났어요.
여자 여자 친구가 왜 화가 났어요?
남자 제가 여자 친구한테 문자를 자주 안 보내서요.
여자 왜 문자를 자주 안 보내요?
남자 저는 전화로 이야기하는 게 더 편해요. 그리고 계속 휴대폰을 보는 것도 별로 안 좋아해요.
여자 그래요? 그럼 전화는 자주 해요?
남자 하루에 두 번쯤 해요. 저는 여자 친구한테는 전화하는 게 더 좋아요. 목소리를 들을 수 있어서요.
여자 저는 문자 보내는 걸 더 좋아해요. 문자로 사진이나 그림을 보내는 게 재미있어요.

2과 차 마시면서 책 읽고 있어요

1. 잘 듣고 음식을 얼마나 주문했는지 보기 와 같이 쓰세요. Track 106

1) 여자 여보세요. 피자나라입니다.
   남자 여기 서울대학교 기숙사 402호인데요. 불고기 피자 두 판하고 콜라 두 병 배달해 주세요.
   여자 네, 알겠습니다.
2) 여자 네, 하나치킨입니다.
   남자 여기 행복아파트 106동 601호인데요. 치킨 한 마리 갖다 주세요.
   여자 음료수는 안 필요하세요?
   남자 사이다도 한 병 갖다 주세요.
   여자 네, 알겠습니다.
3) 여자 엄마식당입니다.
   남자 여기 하늘빌라 302호인데요. 떡볶이 2인분하고 치즈 김밥 네 줄 배달해 주세요. 얼마나 걸려요?
   여자 30분쯤 걸려요.

듣기 지문 175

2. 잘 듣고 친구들이 요즘 무엇을 하고 있는지 알맞은 그림과 연결하세요. Track 107

남자 수아 씨, 요즘 어떻게 지냈어요?
여자 저는 아직 학교에 다니고 있어요. 지호 씨는 어떻게 지내요?
남자 저는 중국 유학 준비를 하고 있어요.
여자 아, 다음 달부터 중국에 가서 공부하지요?
남자 네. 친구들은 어떻게 지내요? 건우 씨는 요즘 뭐 해요?
여자 건우 씨는 회사에 다니고 있어요. 일이 많아서 아주 바빠요.
남자 그래요? 다른 친구들은요?
여자 음… 민지 씨는 요즘 영어 학원에서 영어를 가르치고 있어요. 다은 씨는 운동을 열심히 하고 있고요.
남자 모두 잘 지내고 있네요. 참, 준영 씨가 얼마 전부터 학교 근처 커피숍에서 일하고 있어요.
여자 그래요? 몰랐어요. 그럼 우리 거기에 가서 커피 마시면서 이야기할까요?
남자 좋아요.

3. 잘 듣고 빈칸에 알맞은 말을 쓰세요. Track 108

남자 여보세요. 서울식당입니다.
여자 안녕하세요? 예약을 좀 하고 싶은데요.
남자 네, 언제로 예약하고 싶으세요?
여자 4월 9일 토요일요. 저녁에 예약 돼요?
남자 잠시만요. … 죄송하지만 저녁에는 안 되는데요.
여자 그럼 점심에는 예약할 수 있어요?
남자 네, 몇 시로 해 드릴까요?
여자 한 시로 예약해 주세요.
남자 몇 분이세요?
여자 세 명이에요.
남자 성함하고 전화번호 좀 알려 주세요.
여자 이지우, 010-0325-1928이에요.
남자 4월 9일 토요일, 오후 한 시, 세 분, 성함은 이지우 씨, 전화번호는 010-0325-1928 맞으시지요?
여자 네, 맞아요.
남자 감사합니다.

어휘 색인 Glossary

ㄱ

가깝다 to be close　41
가끔 sometimes　42, 64
가볍다 to be light　36
가슴 chest　100
가위바위보 rock-paper-scissors　74
가족 family　19
갈색 brown　36
갈아타다 to transfer　86
감기에 걸리다 to catch a cold　106
값 price　42
갔다 오다 to go and come back　53
강 river　56
갖다 주다 to bring over　137
거의 (안) rarely　64
건너다 to cross　92
건물 building　36
걸리다 to take time　81
걸어서 가다 to go on foot　86
결혼하다 to get married　28
경리단길 Gyeongridan-gil Road　98
경치가 아름답다 for the scenery to be beautiful　50
계시다 to be (honorific form)　22
고등학교 high school　25
고등학생 high school student　21
고르다 to select　98
고향 hometown　46
곳 place　51
공무원 government employee　19
공연 performance　112
과일 fruit　42
관람 watch, view　98
광화문역 Gwanghwamun station　89
괜찮다 to be okay　70
교대역 Seoul National University of Education station　88
교통사고가 나다 to have a traffic accident　111

교통이 편리하다 for transportation to be convenient　50
구경거리가 많다 for there to be many things to see　50
구경하다 to sightsee, to watch　47
구두 dress shoes　30
국립중앙박물관 National Museum of Korea　98
국수 noodles　53
군항제 naval port festival　53
귀 ear　100
그동안 meantime　117
그릇 bowl　134
그림 painting, picture　48
그림을 그리다 to draw a picture　71
급하다 to be urgent　131
기간 period of time　108
기분이 나쁘다 to be in a bad mood　114
기분이 좋다 to be in a good mood　114
기쁘다 to be glad　114
기숙사 dormitory　122
기차 train　86
기차표 train ticket　47
기침을 하다 to cough　106
기타를 치다 to play the guitar　71
길다 to be long　36
까만색 black　36
꼭 surely　56
꽃집 floral shop　97, 149

ㄴ

나가다 to exit, to get out　92
나쁘다 to be bad　31, 36
나이 age　17
나중에 later　70
낚시 fishing　144
낚시를 하다 to fish　71
날짜 date　138
남동생 younger brother　16

남부터미널역 Nambu Bus Terminal station　89
남편 husband　16
낮다 to be low　36
내다 to hand in, to submit　122
내리다 to get off　86
넣다 to put in　78
넥타이 necktie　30
노란색 yellow　36
노래를 부르다 to sing　87
노량진 수산시장 Noryangjin Fish Market　89
노량진역 Noryangjin station　89
녹색 green　36
농구를 하다 to play basketball　71
높다 to be high　36
놓치다 to miss (out on something)　111
누나 a male's older sister　16
눈 eye　100
늦게 late　52
늦잠을 자다 to oversleep　107

ㄷ

다니다 to attend　19
다르다 to be different　39
다리 leg　100
다리를 다치다 to hurt one's leg　106
다양하다 to be varied　98
다음 달 next month　28
다행이다 it's a good thing　112
달러 dollar　74
달리기를 하다 to run　71
담배를 피우다 to smoke cigarettes　102
대학교 college, university　19
대학로 Daehangno street　89
대학생 college/university student　19
대학원 graduate school　126

댁 house (honorific form) 22
댄스 dance 140
돈을 넣다 to deposit money 72
돈을 바꾸다 to exchange money 44, 72
돈을 보내다 to send money 72
돈을 찾다 to withdraw money 72
돌아가시다 to die (honorific form) 27
돌아오다 to come back 140
돕다 to help 74
동물원 zoo 84
동아리 activity club 58
두껍다 to be thick 36
두 번 two times 67
드시다 to eat (honorific form) 22
들어 있다 to contain 126
등산 mountain climbing 21, 144
등산을 하다 to hike 71
딸 daughter 16
똑똑하다 to be smart 37

ㅁ

마리 unit noun for animals 134
마음에 들다 to like, to be pleased with 31
마트 mart, market 70
막국수 buckwheat noodle 53
만들다 to make 38
맛없다 to taste bad 36
맛있는 음식이 많다 for there to be a lot of delicious food 50
맛있다 to taste delicious 36
맛집을 찾아보다 to look for a tasty restaurant 44
맞다 to be correct 133
머리 head 31, 100
멀다 to be far 41
멋있다 to be stylish 37
멕시코 Mexico 81
면접을 보다 to have an interview 88
모르다 to not know 87
모임 meeting, gathering 63
모자 hat, cap 30

목 throat, neck 100
목이 아프다 to have a sore throat 106
몸이 안 좋다 to not feel good 31
몽골 Mongolia 81
무겁다 to be heavy 36
무릎 knee 100
무리하다 to overstrain oneself 103
무섭다 to be scary 37
문 door 74
문자 message 80
문자를 받다 to receive a text message 128
문자를 보내다 to send a text message 128
문화 culture 126
물건 item 42
물건 값이 싸다 for the price of an item to be cheap 50
물어보다 to ask 126
미술 art 56
미술관 art museum 97, 149
미터 meter 95

ㅂ

바다 ocean, sea 46
바쁘다 to be busy 28
바지 pants 30
박물관 museum 47
발 foot 100
발표를 하다 to give a presentation 120
밝다 to be bright 36
방이 깨끗하다 for a room to be clean 50
방학을 하다 to be on school vacation 120
배 boat, ship 47, 86
배 stomach 100
배고프다 to be hungry 31
배달하다 to deliver 134
배드민턴을 치다 to play badminton 71
배부르다 to be full 87
배우 actor 51
버스 bus 86
벚꽃 cherry blossoms 53
베이징 Beijing 84

별로 not particularly 53
보내다 to send 78
봉투 envelope 78
부모님 parents 19
부엌 kitchen 124
부치다 to mail 78
북한산 Bukhansan Mountain 67
불국사 Bulguksa Temple 47
불편하다 to be uncomfortable 36
붙이다 to attach 78
비슷하다 to be similar 87
비행기 airplane 86
비행기 표를 예매하다 to book a flight ticket 44
빌리다 to borrow 73
빠르다 to be fast 87
빨간색 red 36
빵집 bakery 97, 149

ㅅ

사거리 intersection 92
사당역 Sadang station 89
사랑하다 to love 28
사업을 하다 to operate a business 28
사용하다 to use 121
사이즈 size 31
사인하다 to sign one's name 72
사진을 찍다 to take a picture 56, 71
산책하다 to take a walk 23
살다 to live 38
살사 Salsa 67
삼촌 uncle 17
상을 받다 to receive an award 120
상자 box 78
색깔 color 36
생신 birthday (honorific form) 22
생활 life, living 38
서명하다 to sign one's name 72
서울대입구역 Seoul National University station 89
서핑하다 to surf 47

성격 personality 87
성함 name (honorific form) 22
세계 the world 56
소포 package 78
속상하다 to be distressed 114
손 hand 100
손님 guest, visitor 98
송금하다 to send money 72
수상 스키 water skiing 53
수업을 듣다 to take class 120
수영을 하다 to swim 71
스웨터 sweater 30
스카프 scarf 30
스케이트를 타다 to skate 71
스키를 타다 to ski 71
스타일 style 33
스트레스를 받다 to get stress 115
스포츠센터 sports center 97, 149
슬프다 to be sad 37, 114
시간 hour 94
시키다 to order 123
시험을 보다 to take test 120
신다 to wear (shoes) 30
신도림역 Sindolim station 89
신문사 newspaper company 20
신분증 ID card 75
신청서 application form 75
실례지만 excuse me but 95
싱가포르 Singapore 48
싱싱하다 to be fresh 98
쓰다 to wear (a hat) 30
쓰다 to write 31
쓰다 to use 66

ㅇ
아내 wife 16
아들 son 16
아르바이트하다 to work part-time 111
아리랑 folk song of Korea 53
아버지 father 16
IFC몰 IFC Mall 98

아주머니 middle-aged woman 42
아직 yet 52
아쿠아리움 aquarium 98
아프다 to be hurt 31
알겠습니다 all right, I got it 75
알다 to know 38
앞으로 in the future 126
야경 night view 35
야구를 하다 to play baseball 71
약 medicine 103
약국 pharmacy 97, 149
얇다 to be thin 36
양복 suit 30
어깨 shoulder 100
어둡다 to be dark 36
어떤 what kind 37
어떻게 how 44
어머니 mother 16
어지럽다 to be dizzy 109
언니 a female's older sister 16
얼마나 how much, how long 94
얼마나 자주 how often 69
에스엔에스(SNS) Social Networking Service 140
N서울타워 N Seoul Tower 90
여권을 만들다 to apply for a passport, to get a passport 44
여동생 younger sister 16
여행을 가다 to go on a trip 45
역사 history 23
연락하다 to contact someone 80
연세 age (honorific form) 22
연습 practice 140
연휴 long weekend, extended holiday 108
열이 나다 to have a fever 106
엽서 postcard 78
영등포구청역 Yeongdeungpo-gu office station 89
영수증 receipt 73
예쁘다 to be pretty 31
예술의전당 Seoul Arts Center 89

오랜만이다 it's been a long time 117
오른쪽으로 가다 to turn right 92
오빠 a female's older brother 16
온천 hot spring 47
옷가게 clothing store 34
왜 why 39
외국 foreign country 88
외국어 foreign language 101
외국인 등록증 alien registration card 73
외롭다 to be lonely 114
외우다 to memorize 123
왼손 left hand 125
왼쪽으로 가다 to turn left 92
요금 fare 82
우표 stamp 78
운동선수 athlete 51
운동화 sneakers, tennis shoes 30
운전하다 to drive 59
원고 manuscript 123
원피스 dress 30
유명하다 to be famous 56
유학생 international student 126
유행이다 to be the trend 33
63빌딩 63 Building 98
은퇴하다 to retire 27
은행원 bank clerk 17
음료수 beverage 125
이따(가) a little later 137
이사하다 to move homes 124
인분 serving size 134
인사동 Insadong 87
인원 the number of people 138
인터넷 internet 56
인터넷 뱅킹 online banking 75
일주일 one week 81
일찍 early 52
입 mouth 100
입금하다 to deposit money 72
입다 to put/wear (clothes) 30
입학하다 to enter a school 120

ㅈ

자갈치 시장 Jagalchi Market   47
자금성 Forbidden City   84
자동차 car   126
자르다 to cut   87
자전거를 타다 to ride a bicycle   35
자주 often   64
작년 last year   68
작다 to be small   32, 36
잘 맞다 to fit correctly   31
잘 지내다 to be doing well   117
잘하다 to do well, to be good at something   46
장소 place   63
장학금 scholarship   126
재료 ingredient   70
재미없다 to not be fun   36
재미있다 to be fun   36
전에 before   23
전통 tradition   53
전혀 (안) not at all   64
전화를 걸다 to make a phone call   128
전화를 끊다 to end a phone call   128
전화를 받다 to receive a phone call   128
전화번호 telephone number   87
조각 piece   134
조카 niece, nephew   27
족발 pig feet   139
졸업하다 to graduate school   120
종류 type of   42
좋다 to be good   36
주무시다 to sleep (honorific form)   22
주문하다 to order   134
주부 housewife   19
주차하다 to parking   102
준비하다 to prepare   44
줄 roll   134
중학교 middle school   19
즐겁다 to be enjoyable   114
지나다 to pass   95
지하도 underpass   92
지하철 subway   86
질문 question   123
짐을 싸다 to pack luggage   44
짜장면 black bean sauce noodles   137
짧다 to be short   36
쭉 가다 to go straight   92
찜질방 Korean dry sauna   117

ㅊ

차다 to be cold   103
착하다 to be nice   37
찾다 to look for   33
처음 beginning, first   70
천천히 slowly   98
청계천 Cheonggyecheon Stream   89
체크 카드를 신청하다 to apply for a debit card   72
초등학생 elementary school student   27
축구 soccer   21
축구를 하다 to play soccer   71
축제 festival   53
출구 exit   92
출금하다 to withdraw money   72
춤을 추다 to dance   71
취미 hobby   21, 144
치마 skirt   30
칠레 Chile   140

ㅋ

카페 cafe   51
케냐 Kenya   81
케이블카 cable car   90
켜다 to turn on   74
코 nose   100
코트 coat   30
콧물이 나다 to have a runny nose   106
크다 to be big   31, 36
큰 소리로 in a loud voice   102

ㅌ

타다 to ride, to get on   86

탁구를 치다 to play ping-pong/table tennis   71
택시 taxi   52, 86
테니스를 치다 to play tennis   71
통장을 만들다 to open an account   72
퇴근 시간 the time you get off work   87
투표하다 to vote   105
특히 particularly   42
틀리다 to be incorrect   133
티셔츠 t-shirt   30

ㅍ

파란색 blue   36
판 unit noun for a whole pizza   134
판다 panda   84
팔 arm   100
편지 letter   31, 78
편하다 to be comfortable   32, 36
포장하다 to package, to wrap   78, 134
푹 쉬다 to rest deeply   109
프라이드 치킨 fried chicken   137
프로그램 program   51
피곤하다 to be tired   52
피아노를 치다 to play the piano   71

ㅎ

하는 일 the work you do   63
하다 to wear (a necktie)   30
하얀색 white   36
학생증 student card   73
학원 academy   70
한강 Hangang River   94
한 달 one month   67
한라산 Hallasan Mountain   47
한번 once, one time   32
한자 Chinese characters   101
할머니 grandmother   16
할아버지 grandfather   16
항상 always   64
해리포터 Harry Potter   67
해산물 seafood   98

허리 lower back 100
형 a male's older brother 16
혜화역 Hyehwa station 89
호선 line number 88
호텔을 예약하다 to reserve a hotel room 44

혹시 by any chance 131
혼자 alone 68
화가 나다 to be angry 114
화장품 cosmetics 35
환전하다 to exchange money 72
회비 membership fee 63

회색 gray, grey 36
횡단보도 crosswalk 92
휴가 vacation 48
힘들다 to be laborious, to be hard 38

책임 연구원 Senior Researcher

장은아　고려대학교 교육학과 박사
Jang Euna　Ph.D. in Education Evaluation, Korea University

　　　　　서울대학교 언어교육원 한국어교육센터 대우조교수
　　　　　Seoul National University, LEI Assistant Professor

공동 연구원 Co-researcher

김민애　서울대학교 국어교육과 박사 수료
Kim Min Ae　Ph.D. Candidate in Korean Language Education, Seoul National University

　　　　　서울대학교 언어교육원 한국어교육센터 대우부교수
　　　　　Seoul National University, LEI Associate Professor

이정화　이화여자대학교 국어국문학과 박사
Lee Jeonghwa　Ph.D. in Korean Language and Literature, Ewha Womans University

　　　　　서울대학교 언어교육원 한국어교육센터 대우조교수
　　　　　Seoul National University, LEI Assistant Professor

집필진 Authors

조경윤　한양대학교 국어국문학과 박사 수료
Cho Kyungyoon　Ph.D. Candidate in Korean Language and Literature, Hanyang University

　　　　　서울대학교 언어교육원 한국어교육센터 대우전임강사
　　　　　Seoul National University, LEI Full-time Instructor

조은주　이화여자대학교 국제대학원 한국학과 한국어교육전공 박사 수료
Cho Eunjoo　Ph.D. Candidate in Teaching Korean as a Foreign Language,
　　　　　Graduate School of International Studies, Ewha Womans University

　　　　　서울대학교 언어교육원 한국어교육센터 강사
　　　　　Seoul National University, LEI Instructor

하승현　이화여자대학교 교육대학원 외국어로서의 한국어교육 석사
Ha Seunghyun　M.A. in Education, Teaching Korean as a Foreign Language, Ewha Womans University

　　　　　서울대학교 언어교육원 한국어교육센터 강사
　　　　　Seoul National University, LEI Instructor

번역 Translator

빌리 스트루블　중앙대학교 국제지역학과 석사
Billy Struble　M.A. in International Studies, Chung-Ang University

　　　　　중앙대학교 교양대학 조교수
　　　　　Chung-Ang University, College of General Education,
　　　　　Assistant Professor of English

감수 Supervisor

이소영　이화여자대학교 교육공학과 박사
Lee So Young　Ph.D. in Educational Technology, Ewha Womans University

　　　　　서울대학교 언어교육원 한국어교육센터 대우전임강사
　　　　　Seoul National University, LEI Full-time Instructor

도와주신 분들 Contributing Staff

일러스트 Illustration　윈일러스트 WINILLUSTRATIONS
녹음 Recording　미디어리더 Media Leader

사랑해요 한국어 2 Student's Book
I Love Korean 2 Student's Book

초판 1쇄 발행 2019년 4월 30일
초판 12쇄 발행 2025년 9월 29일

지은이   서울대학교 언어교육원

펴낸곳   서울대학교출판문화원
주소   08826 서울 관악구 관악로 1
도서주문   02-889-4424, 02-880-7995
홈페이지   www.snupress.com
페이스북   @snupress1947
인스타그램 @snupress
이메일   snubook@snu.ac.kr
출판등록   제15-3호

ISBN 978-89-521-2876-8 04710
      978-89-521-2873-7 (세트)

ⓒ 서울대학교 언어교육원, 2019

이 책은 저작권법에 의해서 보호를 받는 저작물이므로
무단 전재와 복제를 금합니다.

Written by Language Education Institute, Seoul National University
Published by Seoul National University Press

Copyright ⓒ 2019 by Language Education Institute, Seoul National University

All rights reserved. No part of this publication may be reproduced in any form without the written permission from publisher.

The MP3 audio files can be accessed and downloaded through the SNU Language Education Institute website http://lei.snu.ac.kr/klec, SNU Press website http://www.snupress.com, and the QR code on the right.

주문 정보
Order Information

〈사랑해요 한국어〉, 〈서울대 한국어+ 학문 목적〉 시리즈는 서울대학교출판문화원 홈페이지(www.snupress.com)와 교보문고, 영풍문고 등 주요 서점 및 인터넷 서점 인터넷교보, YES24, 알라딘 등에서 구매하실 수 있습니다.

You can purchase the series at the Seoul National University Press homepage (www.snupress.com), major bookstores such as Kyobo Bookstore and Young-Poong Bookstore, and online bookstore such as Internet Kyobo Book Center (www.kyobobook.co.kr), YES24 (www.yes24.com), Aladin (www.aladin.co.kr), etc.

해외유통 및 대학, 기관에서 구입을 희망하시는 경우 공앤박으로 문의하시면 됩니다.
If you want to purchase from overseas distribution, Universities, or Institutions, please contact us at Kongnpark.

공앤박(www.kongnpark.com)
E-mail: info@kongnpark.com | Telephone: +82 (0)2 565 1531 | Fax: +82 (0)2 3445 1080

Notices

Title	Publication Date
사랑해요 한국어 1 (SB/WB)	January 2019
사랑해요 한국어 2 (SB/WB)	April 2019
사랑해요 한국어 3 (SB/WB)	May 2019
사랑해요 한국어 4 (SB/WB)	June 2019
사랑해요 한국어 5 (SB/WB)	November 2015
사랑해요 한국어 6 (SB/WB)	March 2016
서울대 한국어+ 학문 목적 읽기	March 2017
서울대 한국어+ 학문 목적 쓰기	March 2017
서울대 한국어+ 학문 목적 말하기	January 2018
서울대 한국어+ 학문 목적 듣기	February 2019

*〈사랑해요 한국어〉 시리즈는 영어/일본어/중국어 판이 있습니다.

서울대학교출판문화원 SNUPRESS

(08826) 서울특별시 관악구 관악로 1
1 Gwanak-ro, Gwanak-gu Seoul 08826, Korea

Telephone: +82 (0)2 880 5252 | Fax: +82 (0)2 889 0785 | E-mail: snubook@snu.ac.kr

www.snupress.com